LA COCINA VENEZOLANA

paso a paso

PANAMERICANA
EDITORIAL

Editor
Panamericana Editorial Ltda.

Edición
Gabriel Silva Rincón

Realización editorial
SIMPEI, S.L.

Diseño
Itos Vázquez

Ilustraciones
José Luis Hernanz Hernández

Fotografía
Fernando Ramajo

Selección de recetas, cocina y estilismo
Itos Vázquez

Introducción
Victoria Puerta

La cocina venezolana paso a paso / selección de recetas, cocina y estilismo Itos
  Vazquez ; ilustraciones José Luis Hernanz Hernández ; fotografía Fernando
  Romajo ; introducción Victoria Puerta. -- Santafé de Bogotá : Panamericana
  Editorial, 1999.
  160 p. : il. ; 28 cm. -- (Sabores latinoamericanos)
  Incluye índice.
  Glosario : p. 158-159.
  ISBN 958-30-0597-5
  1. Cocina 2. Cocina venezolana I. Vazquez, Itos, comp. II. Hernanz Hernández,
José Luis, il. III. Romajo, Fernando, il. IV. Puerta, Victoria V. Serie
641.5987 cd 20 ed.
AGP7477

        CEP-Biblioteca Luis-Angel Arango

Primera edición, Editorial Voluntad S.A., 1995
Primera edición en Panamericana Editorial Ltda., marzo de 1999
Segunda reimpresión, abril de 2003

© De la compilación: Itos Vázquez
© Panamericana Editorial Ltda.
Calle 12 No. 34-20, Tels.: 3603077 - 2770100
Fax: (57 1) 2373805
Correo electrónico: panaedit@panamericanaeditorial.com
www.panamericanaeditorial.com
Bogotá, D. C., Colombia

ISBN volumen: 958-30-0597-5
ISBN colección: 958-30-0591-6

Impreso por Panamericana Formas e Impresos S. A.
Calle 65 No. 95-28, Tels.: 4302110 - 4300355, Fax: (57 1) 2763008
Quien sólo actúa como impresor.

Impreso en Colombia   Printed in Colombia

LA COCINA VENEZOLANA

paso a paso

— CONTENIDO —

PROLOGO

Eurídize Ledezma es periodista venezolana, conocedora de la cocina tradicional de ese país y con una marcada afición por la gastronomía internacional. Actualmente se dedica a la investigación en Ciencias Políticas y colabora con diversas publicaciones especializadas de Venezuela.

Un país de mezclas que se sienten en una cocina experimental, doméstica, llena de sabores sorprendentes al paladar desprevenido del visitante que ya no se querrá ir jamás. Así es Venezuela y su cocina tradicional, en la cual la típica arepa, literalmente, el "pan nuestro de cada día" y el pabellón criollo con baranda, son el orgullo del venezolano hospitalario que ofrece amigablemente los sabores de su tierra al que viene desde lejos.

La hallaca, piedra angular de la gastronomía venezolana, es el instrumento perfecto para recorrer la diversidad culinaria nacional a través de sus variantes en los diversos puntos geográficos del país. Plato navideño por esencia, la hallaca constituye la excusa perfecta para la reunión familiar en un diciembre lleno de gaitas y corríos. Ambiente musical idóneo para la cocina en colectivo.

Con la copa de ponche crema en una mano y con las hojas de plátano en la otra, comienza la tarea de elaborar la delicada hallaca. El trabajo de limpieza de la hoja le tocará siempre al menos hábil o a los más pequeños. La masa y, especialmente, el guiso, competerán a la veterana de la casa. La colocación de los "adornos", alcaparras, aceitunas, encurtidos, pasitas, etcétera, se convierte en motivo de fiesta, ya que casi todos podrán poner su "adornito" en la hallaca. Lo que sí constituye una responsabilidad capital es el "amarrado" ya que de él dependerá que todo el trabajo familiar se convierta en una deliciosa hallaca que se sirve con pernil y ensalada de gallina a todo visitante. El arduo trabajo será premiado con un buen plato de dulce de lechosa y, si se tiene suerte, con unos deliciosos tequeños que evitarán que el ponche, el ron o la "polarcita", cerveza nacional por excelencia, se suban a la cabeza.

Y es precisamente a través del guiso y de los "adornos" que se puede reconocer la procedencia de una hallaca. La andina, indefectiblemente, lleva garbanzos y papa en el guiso con mucha alcaparra. Complementa la gastronomía andina en la que se incluye la pizca, el mojito andino y las deliciosas arepas de maíz pilado que también están presentes en los Llanos centrales de Venezuela.

La oriental, en cambio, se distingue por la presencia del huevo y un pequeño aro de cebolla. Combinada con la presencia inevitable del pescado y los mariscos en la gastronomía de Cumaná, Carúpano, Caripe y San Antonio del Golfo, donde el carite en escabeche es rey de la gastronomía y la empanada de cazón le hace competencia a la margariteña, que se vende desde Pampatar hasta Juan Griego. Es la Virgen del Carmen quien se encarga del guiso, mientras el margariteño típico habla velozmente y se ríe con su picardía característica. Alimentado con todo el fósforo del sancocho de pescado, el oriental disfruta la vida.

La hallaca caraqueña es prolija en "adornos", pero es sobre todo la estética de la disposición de éstos la que permite al comensal determinar su procedencia. Las cocineras más expertas disponen hasta quince adornos encima del guiso de densidad variable a gusto del consumidor. En medio del stress capitalino, el caraqueño siempre tendrá tiempo para decir que "las mejores hallacas son las de mi mamá" y de degustar después un exquisito quesillo.

Hacia los Llanos nos topamos con una hallaca de mayores dimensiones y una masa menos amarilla que en los Andes. Venado asado y desayunos abundantísimos con caraotas rojas, perico, queso llanero, queso de mano, suero y arepas robustecen el cuerpo del llanero que baila al son del joropo, los corríos y la copla de Florentino y el Diablo acompañado de su cuatro y el miche, aguardiente que regaña al cuerpo y agudiza el ingenio para el contrapunteo.

En Maracaibo la Chinita bendice el guiso al son de Guaco y Barrio Obrero. Los bollos pelones y los huevos chimbos, de postre, completan los sabores locales. Y ya en Ciudad Bolívar aparece una hallaca con un sabor muy peculiar que compite con la yaracuyana, cuyo guiso se caracteriza por la presencia más abundante del ají dulce.

En Falcón, la omnipresente hallaca, va seguida muy de cerca del famoso dulce de leche coriano y del chivo en coco. Recorrer la gastronomía nacional también implica saborear el plátano frito en diversas variantes. Si es verde, será tostón y si es maduro, tajada. Son precisamente las tajadas las que con huevo, queso, harina, azúcar y un toque de canela dan forma a la deliciosa torta de plátano.

Toda esta diversidad culinaria responde a la variable geográfica y a la presencia del inmigrante, siempre bienvenido, que trae en su equipaje sabores y recuerdos lejanos que el venezolano incorpora a los suyos sin el menor reparo. La presencia histórica del "gallego" y, más tarde, del "musiú" determina transformaciones desde el lenguaje hasta las ideas, pasando, obviamente, por la gastronomía nacional, en la cual la hallaca y el pabellón criollo ocupan sitial de honor. Y es que en Venezuela la cocina tradicional es puro mestizaje.

Las páginas que siguen son, por ende, un viaje por el paisaje culinario venezolano y una muestra evidente de este mestizaje de sabores que hoy reconocemos como nuestros.

EURIDICE LEDEZMA

INTRODUCCION

La sazón de Venezuela impregnada del loco trasegar de aventureros, piratas y viajeros, es motivo más que suficiente para emprender la tarea de desvelar nuevamente los secretos y artilugios de una cocina fraguada a lo largo de cinco siglos.

Pasión, vida, conquistas y guerras han servido de telón de fondo para la creación de una carta en la que están impresas las huellas de la gente del Caribe, de las indomables tribus indígenas, de los hombres que llegaron al Nuevo Mundo.

Como bien decía Armando Scannone "la cocina venezolana no se ha desarrollado bajo la influencia de grandes cocineros o restaurantes, por el contrario es casera, doméstica, generalmente elaborada por mujeres". Y esa faceta doméstica le confiere a las tradicionales recetas un delicioso aire de casa campestre, de fuego tranquilo y cocción larga.

Desde la cordillera hasta las tierras bajas, se extiende el suave dulzor de los alimentos hechos a la manera de cada región, pero con la intervención de los elementos de siempre: el papelón o panela, el maíz, las especias, el tomate, el ají y desde luego el casabe, y las hallacas o tamales, cuyo tamaño, presentación, color y sabor, varían a lo largo de la geografía venezolana. Justamente la variedad de microclimas ha permitido que exista todo tipo de posibilidades gastronómicas. "En el oriente persiste el recuerdo de aquel sol amarillo, de aquella lumbre espléndida dando origen a los días del mundo y a los tiempos de madurez de las ciruelas, el jojobo o el melón, que crecía dulcísimo bajo el maíz del conuco de Rafael Armas".

En oriente crece explosiva e incontenible toda la vasta naturaleza venezolana. Su exuberante geografía sirvió de marco en tiempos de independencia a las más cruentas batallas. Con pescados frescos y tortas de casabe se alimentaron en aquellas épocas las huestes libertadoras. La tierra pródiga, hizo posible que sus fogones estuvie-

ran siempre surtidos con pan de acema, sopas condimentadas con cilantro, acompañadas de papa, arvejas y carne. No faltó tampoco la morcilla oriental, clara herencia de España. Como ha sido la presencia del cerdo. En Cumaná se engorda con maíz y coco; después, cuando pasa al fogón, se condimenta con orégano, tomate, ajo, cebolla, no sin antes haberlo marinado en vinagre. Al final, una ramita de romero y largas horas de calor, lo convierten en un auténtico bocado de cardenal. Todos se quieren morir bajo la luna y los guisos de oriente, tierra de agua y bosques, de mesas en las que está presente la flor de sábila y la devoción por el venado, la yagüaza, la iguana y la perdiz.

Tan importante como en oriente es en la zona península la presencia de animales cazados para ser luego preparados en el delicado jugo del coco.

El arroz con palomitas, el conejo y la avemaría, son una constante en los mercados de Zulia y Maracaibo.

La Virgen del Valle, las tormentas y las siluetas eternas de los fuertes de oriente, tienen su igual en las deidades indígenas, en las selvas, en el pájaro león; en la extensa superficie que cubre el río Orinoco.

La fantástica Guayana, sólo penetrada sabiamente por las expediciones de Humboldt y Bompland, posee una inconmensurable geografía por la que corre la danta, y crece el maíz y la yuca. Y en las noches de estrellas y magia rueda por entre la fiesta el cashiri. En las viviendas, hechas en tierra y techadas con paja, arde la leña y también el cachicamo. Su carne suave, cocida en la brasa, sólo necesita sal y limón. Así de rústica y delicada es la mesa indígena venezolana y tan rudimentario, sabroso y nutritivo es el caldero de los llanos. De noviembre a mayo permanece la tierra seca, y de mayo a octubre la inmensa llanura está anegada y triste. Sus cielos profundamente azules cobijan la fuerte lucha entre el hombre y su entorno. Allí impetuosos ríos, zonas de bosque, manadas de ganado que pastan en la llanura, fogatas donde arde en la parrilla el venado, al cual se le ha sometido a un largo y paciente proceso para preparar el famoso pisillo, que será servido con fríjoles, tajadas de plátano maduro, casabe o yucas hervidas.

En esta zona regida por el invierno y el verano y los vientos alisios, el carácter y la vida de sus moradores se expresan vitalmente en la comida y en la diversión. Nada más difícil de olvidar que una fiesta llanera; las reses se asan en grandes parrillas, el arpa y las voces recias suenan en la inmensa llanura. Prueba de esa faceta rústica y sabrosona es la preparación del chigüiro, cuya carne se pone a remojar durante un día y luego, cuando se ha desalado, se cocina en algunas zonas con cebolla, ajo, cilantro y tomate, con nada en otras, o sencillamente se le agrega ají o se desmecha y se fríe con tomate y cebolla.

De la colonia quedó el gusto por los escabeches, los sancochos de curito, los margariteños, las ollas de barro y los calderos de hierro, que sirven para sazonar con clase y tiempo. En estos trastos de vieja data se cocinan desde siempre los mondongos y la chanfaina, los fríjoles con chivo o el paloapique barinés. En ellos el cochino en adobo, el conejo guisado, la gallina hervida, las cachapas, el arroz con costillitas y las tortillas de chorizos y plátano maduro, adquieren ese gusto de abuela, de madre que ha dejado la herencia de su sazón, de sus cucharas de palo, de sus secretos para hacer con cualquier ingrediente un plato único.

Los gourmets vernáculos no escatiman palabras a la hora de hablar del carácter popular de la olla venezolana. Una olla enriquecida por los hechizos de la cocina caribe, y para ser más exactos de la tradición culinaria de Trinidad, por los ritos de las tribus africanas bantú y sudanesa, por los viajeros que llegaban en los navíos vascos desde Veracruz a cargar el cacao. En sus bodegas yacían preciados tesoros, las especias, el calor de otras tierras, las recetas y las otras formas de tratar los alimentos. En años recientes, la fiebre del petróleo trajo una importante oleada de inmigrantes. Franceses e italianos han dejado su impronta en las cocinas regionales, pero sobretodo en Caracas, donde no es extraño encontrar platos de la nueva cocina europea, hechos con los ingredientes autóctonos.

Mientras que hacia el occidente, donde vivió en épocas pasadas el cacique Manaure, se extiende el horizonte hacia el mar. La mirada de todas estas aldeas ha estado influenciada por el festivo carácter de las Antillas holandesas: Aruba, Bonaire y Curaçao. Justamente de Curaçao llegó el popular y exquisito quimbombó porteño. Esta sopa resume como pocos platos la faceta mestiza de la gastronomía venezolana: en su elaboración se emplean trozos de jamón, chivo salado, pescado frito, cebolla y albahaca. Desde este territorio, marcado por una vegetación áspera, como sus suelos, se puede seguir la huella de historias alucinantes, ocurridas en aquellos tiempos de conquistas. Lope de Aguirre, el tirano, llegó con sus hombres y sus micos en septiembre de 1548. En la franja de "la arepa y el casabe" Aguirre sucumbió a manos de sus propios esbirros. En los alrededores, desde aquellos tiempos, se cultiva el sisal o cocuiza, cuyos gustosos retoños sirven de base en la preparación del aderezo para la vinagreta. En los patios de trinitarias y jazmines se escuchan las serenatas de violín y mandolina y rueda generoso el licor preparado con la miel de los tallos de penca. A muchas leguas de distancia, allá en los altivos y melancólicos Andes, los hombres siembran el maíz, y preparan las generosas chichas de sus antepasados.

Un clima más misterioso y callado marca los tiempos de la siembra y la recolección. En los bodares o tiestos se hace la arepa pilada, el pan zarazo y para los mejores días se reserva la preparación de las hallacas rellenas de garbanzos, alcaparras, pimentón, tomate, cebolla y cochino. Arriba, en la tierra que se roza eternamente con el viento y las nubes, en los páramos helados, toda la vitalidad se concentra en los vapores de las sopas espesas.

La alegría y la fuerza de Venezuela, las voces y los recuerdos de viejas recetas, los licores y las parrandas, los festines y los sucesos que los han rodeado, la calidez de una olla aromática, el verde y la tierra sembrada, el olfato y los inventos del fogón, tendrían que estar escritos al lado de cada receta, pero por ahora es necesario conformarse con este inventario gastronómico donde no están todas las que son, pero son, con toda seguridad, todas las que están, para su placer y el de los suyos.

SALSAS
Y
BEBIDAS

Salsa guasacaca criolla

Ingredientes para 2 tazas:
*4 tomates pelados y picados •
1 aguacate grande picado • 1 ají •
1 pimentón rojo picado • 3 cebollas
picadas • 1 cucharada de perejil fresco
picado • 1 cucharadita de mostaza
1/2 taza de aceite • Sal*

Mezclar todos los ingredientes excepto el aceite en un recipiente, salar y revolver. Rociar con el aceite y servir con carnes blancas o pescados.

Salsa de alcaparras

Ingredientes para 1 taza:
*1/2 taza de jugo de limón • 1/4 taza
de aceite de oliva • 1/4 taza de
alcaparras escurridas • 1 diente de ajo
muy picado*

Combinar todos los ingredientes en una olla pequeña y calentar al fuego sin dejar que lleguen a hervir.
Esta salsa resulta deliciosa con toda clase de pescados.

Salsa de vino tinto y cebollitas

Ingredientes para 2 1/2 tazas:
*2 tazas de vino tinto • 1/2 lb de azúcar
1 frasco de cebollitas encurtidas •
1 cucharada de salsa inglesa •
2 cucharadas de mantequilla*

Poner en una olla el vino con el azúcar y las cebollitas, y cocinar hasta que tenga punto de almíbar. Agregar la salsa inglesa y la mantequilla, revolver para que se disuelva y servir con carnes rojas y caza.

Mojo andino

Ingredientes para 1 taza:
*1 cebolla picada • 1 tomate grande
picado • 3 cucharadas de aceite • Ají
al gusto • 1/2 taza de leche •
2 huevos batidos • Sal*

Calentar el aceite en una sartén y freír la cebolla y el tomate. Agregar el ají y la leche, revolver bien, e incorporar los huevos. Salar y cocinar sin dejar de revolver, hasta que la salsa ligue.
Servir con verduras o aves.

Salsa vinagreta

Ingredientes para 1 taza:
1 huevo duro • 1 cucharada de alcaparras • 1 pepinillo en vinagre • 1 cucharada de perejil fresco picado • 1 cebolla pequeña, picada • 6 cucharadas de aceite • 2 cucharadas de vinagre • Sal y pimienta

Picar finamente el huevo, las alcaparras y el pepinillo y mezclarlos con los ingredientes restantes. Sazonar con sal y pimienta y servir con verduras o acompañando a pescados.

Salsa de anchoas

Ingredientes para 1 1/2 tazas:
1 lata de filetes de anchoa • 1 cucharada de mostaza • 1 cucharada de mantequilla • 1 taza de crema de leche • 1 cucharada de cebolla picada

Triturar las anchoas junto con la mantequilla y la mostaza. Añadir la crema de leche y la cebolla, mezclar bien y servir.
Esta salsa queda perfecta para carnes rojas y fondues.

Salsa de tomate con crema

Ingredientes para 2 tazas:
1 cucharada de mantequilla • 2 cucharadas de cebolla finamente picada • 1/2 lb de tomate triturado • 1/2 taza de leche evaporada • Sal y pimienta

Derretir la mantequilla en una olla y freír la cebolla hasta que esté transparente. Añadir el tomate, sazonar con sal y pimienta y cocinar 10 ó 12 minutos. Incorporar la leche, mezclar todo bien y servir con pescados o verduras.

Salsa para mariscos

Ingredientes para 1 1/2 tazas:
1/4 taza de queso Gruyere rallado • 1 taza de mayonesa • 1 cucharada de cebollines picados • Color (achiote, onoto) al gusto

Poner el queso en una olla al fuego y fundirlo. Retirar del fuego, añadir la mayonesa, revolviendo, agregar los cebollines y color al gusto, dejar enfriar y servir espolvoreada con color.

Destornillador

Ingredientes para 10 personas:
1/2 botella de ron blanco • 1 litro de naranja

Poner el ron y el jugo de naranja en una jarra y revolver vigorosamente. Servir en vasos altos previamente enfriados, agregar unos cubitos de hielo y adornar con rodajas de limón.

Ponche de toronja

Ingredientes para 10 personas:
1 botella de ron blanco • 1 botella de granadina • 6 latas de jugo de toronja

Verter en un recipiente todos los ingredientes. Mezclar bien, revolviendo, y embotellar.
Introducir en el refrigerador hasta el momento de servir.

De izquierda a derecha:
Destornillador; Ponche de toronja;
Guarapita criolla y Daiquiri.

Guarapita criolla

Ingredientes para 10 persona:
1/2 papelón raspado • 1 1/2 botellas de ron blanco • 1 taza de jugo de limón • Una pizca de bicarbonato de soda

Poner en una ponchera el ron y el papelón y revolver hasta que este último se disuelva. Agregar el jugo de limón y el bicarbonato y mezclar. Verter en una botella e introducir en el refrigerador durante 5 horas, como mínimo, antes de servir.

Daiquiri

Ingredientes para 8 personas:
1 cucharada de azúcar • 1 copita de jugo de toronja • 1 copita de Marrasquino • 1 copita de jugo de limón verde • 2 tazas de ron añejo

Verter en una licuadora todos los ingredientes. Añadir hielo y licuar hasta que el hielo esté triturado.
Poner un poco de azúcar en un platito. Humedecer las copas con jugo de toronja y apoyarlas sobre el azúcar para que todo el borde quede cubierto. Llenar las copas con la mezcla licuada y servir.

Guajira

Ingredientes para 8-10 personas:

*1 mango grande • 1 lata de leche condensada grande
• 1/2 taza de brandy • 2 cucharadas de licor de menta
• 10 cubitos de hielo*

Pelar el mango, cortarlo en cubitos y poner en una licuadora. Añadir los ingredientes restantes y licuar. Verter en un recipiente e introducir en un refrigerador.
Cuando se vaya a servir, agregar 2 tazas de hielo triturado, revolver y servir en copitas.

Amorcito

Ingredientes para 8 personas:

*2 tazas de melado grueso • Unas gotas de colorante rojo •
1 taza de ron blanco*

Verter en un recipiente todos los ingredientes y revolver bien. Servir en copitas de cóctel.

*De izquierda a derecha: Guajira;
Amorcito; Bolivar y Bull.*

Bolivar

Ingredientes para 1 persona:

*1 medida de ron añejo • 1 medida de brandy • 1/2 medida
de jugo de limón • 1 cucharadita de azúcar*

Mezclar todos los ingredientes en el vaso mezclador con hielo. Colar y servir en una copa de cóctel.

Bull

Ingredientes para 2 personas:

*1/2 vaso de agua • El jugo de 1 limón • 1 botella de cerveza
• Azúcar al gusto*

Verter el agua, el limón y la cerveza en un recipiente, revolver y añadir azúcar al gusto. Servir en jarras de cerveza, escarchando el borde de las mismas, si lo desea.

RECETAS
PASO A PASO

— Sopa de jojotos —

Ingredientes para 4 personas:

300 g de granos de maíz (jojoto) de lata
3 zanahorias
1 pechuga de pollo
1 hueso de jamón
50 g de manteca
1 cucharada de perejil fresco picado
Sal

Limpiar las zanahorias y cortarlas en cubitos pequeños. Poner en una olla, añadir 1 litro de agua y la pechuga y cocinar a fuego medio hasta que rompa a hervir.

Añadir el hueso de jamón y la manteca y cocinar hasta que las zanahorias estén tiernas. Incorporar el maíz y retirar la pechuga, deshuesarla y cortarla en trocitos.

Por último, agregar a la olla la pechuga desmenuzada. Salar y cocinar unos minutos. Servir caliente salpicada con el perejil.

1. Limpiar las zanahorias y cortarlas en cubitos.

2. Cocinarlas junto con la pechuga y añadir el hueso de jamón.

3. Una vez todo tierno, incorporar el maíz.

4. Retirar la pechuga, cortarla en cubitos y agregar a la olla.

— Sopa de plátanos —

Ingredientes para 6 personas:

2 plátanos maduros, pelados
4 tazas de consomé
2 cucharadas de mantequilla
2 cucharadas de manteca
2 plátanos verdes, en rodajas
Sal

Cortar los plátanos maduros en rodajas y cocinarlos en el consomé hasta que estén tiernos. Poner en una licuadora, y licuarlos hasta que se forme un puré.

Verter de nuevo en una olla al fuego, añadir la mantequilla y dejar a fuego muy bajo.

A continuación, machacar ligeramente las rodajas de plátano verde y freír en la manteca hasta que estén bien doradas. Retirarlas y cortar en cubitos.

Por último, añadir al puré los cubitos de plátano verde, rectificar la sazón, cocinar unos minutos y servir caliente.

1. Cocinar los plátanos maduros en el consomé.

2. Licuar los plátanos con el consomé, hasta formar un puré.

3. Poner el puré en una olla y añadir la mantequilla.

4. Freír en la manteca los plátanos verdes.

5. Cortarlos en trocitos, añadirlos al puré y cocinar unos minutos.

Chupe de mero a la española

Ingredientes para 6 personas:

- 300 g de tomates picados
- 1 ramillete de finas hierbas (orégano, tomillo, mejorana, etc.)
- 1 puerro (ajo porro), en rodajas
- 2 pimentones verdes (ajíes dulces) cortados en aros
- 2 tazas de caldo de pescado
- 1 1/2 lb de papas peladas y cortadas en rodajas
- 2 mazorcas de maíz (jojotos), en rodajas
- 1/2 taza de aceite
- 1 cucharada de mantequilla
- 2 lb de mero en rodajas
- 50 g de maíz en grano
- 1 lb de queso blanco blando, cortado en cubitos
- 2 tazas de leche
- Sal

Poner en una olla los tomates picados, el ramillete de hierbas, el puerro y los pimentones. Agregar 4 tazas de agua y sal, y cocinar durante 20 minutos. Colar el caldo obtenido y ponerlo en una olla limpia junto con el caldo de pescado.

A continuación, añadir las papas y las mazorcas de maíz y cocinar a fuego medio hasta que estén tiernas.

Mientras tanto, calentar el aceite y la mantequilla en una sartén y freír las rodajas de pescado.

Por último, incorporar todos los ingredientes restante a la olla, rectificar la sazón, poner encima las rodajas de pescado y cocinar durante unos minutos hasta que todo esté en su punto.

1. Poner en una olla los tomates, las hierbas, el puerro y los pimentones junto con 4 tazas de agua.

2. Colar el caldo obtenido, añadir el caldo de pescado e incorporar las papas y las mazorcas.

3. Calentar el aceite y la mantequilla en un sartén y freír las rodajas de pescado.

4. Agregar todos los ingredientes restantes, poner encima el pescado y cocinar.

— Pizca andina —

Ingredientes para 6 personas:

8 tazas de agua
1 cebolla picada
1 cebollín picado
1/2 cabeza de ajos, picados
2 lb de falda de res (costillas de la punta) cortada en trozos
2 lb de papas
1 taza de leche
1/2 lb de queso fresco (requesón)
2 yemas de huevo
6 huevos
6 rebanadas de pan tostado
1 cucharada de cilantro fresco, picado
Sal

Poner una olla al fuego con el agua, y cuando rompa a hervir, añadir la cebolla, el cebollín, los ajos y sal al gusto.

A continuación, agregar la carne troceada y cocinar a fuego medio hasta que esté tierna.

Mientras tanto cortar las papas en cuartos y cuando la carne esté tierna, añadir las papas a la olla.

Cuando las papas estén tiernas y el caldo haya espesado, incorporar la leche, el queso desmenuzado y las yemas batidas. Retirar del fuego y revolver para que las yemas liguen el caldo.

Por último, separar un poco de caldo y cocinar los huevos, hasta que cuajen. Servir en platos individuales poniendo en cada uno una rebanada de pan y un huevo, y salpicar con cilantro.

1. Poner el agua a hervir y añadir la cebolla, el cebollín y los ajos.

2. Incorporar la carne cortada en trozos, y cocinar.

3. Cortar las papas en cuartos, agregar a la olla y cocinar.

4. Añadir la leche, el queso y las yemas batidas.

5. Cocinar los huevos y poner uno en cada plato.

— Sopa de bolitas de masa y carne —

Ingredientes para 6 personas:

1 taza de masa de maíz
80 g de queso rallado (queso llanero)
1 huevo
100 g de carne molida de cerdo (cochino)
100 g de carne molida de res
1 cebolla rallada
1 diente de ajo
1 pimentón rojo picado
1 cucharada de perejil fresco picado
Aceite para freír

6 tazas de caldo de res
1 ramita de perejil
1 ramita de cilantro
1 ramita de hierbabuena
Sal y pimienta

Poner en un recipiente la masa junto con el queso, el huevo y un poquito de sal. Amasar bien, formar bolitas pequeñas, como de un centímetro de diámetro, y reservar.

Poner las carnes en un recipiente.

Añadir la cebolla, el ajo, el pimentón, el perejil y sal y pimienta. Mezclar bien y formar bolitas como las de masa. Calentar el aceite en una sartén al fuego, freír todas las bolitas y reservar sobre papel absorbente para que escurran el exceso de grasa.

A continuación, poner el caldo en una olla al fuego y cuando empiece a hervir, añadir las bolitas y las hierbas y cocinar durante 10 minutos.

Retirar las hierbas y servir caliente.

1. Mezclar la masa con el queso rallado, el huevo batido y sal y formar las bolitas.

2. Mezclar las carnes con la cebolla, el ajo, el pimentón, el perejil y sal y pimienta y formar las bolitas.

3. Freír todas las bolitas en aceite caliente.

4. Calentar el caldo, añadir las hierbas y las bolitas y cocinar.

— Sopa de caraotas —

Ingredientes para 6 personas:

300 g de fríjoles (caraotas) negros
1 cebolla grande
1 pimentón verde
2 cucharadas de azúcar
4 cucharadas de aceite
1 trozo de cebolla picada
Sal
Cubitos de pan frito para acompañar

Poner los fríjoles en un recipiente, cubrirlos con agua y dejarlos en remojo durante 6 u 8 horas.

Transcurrido el tiempo de remojo de los fríjoles, escurrir, ponerlos en una olla, cubrirlos con agua, añadir la cebolla cortada por la mitad y el pimentón sin semillas y abierto, y cocinar hasta que los fríjoles estén tiernos.

A continuación, extraer el pimentón y la cebolla, licuar los fríjoles con su caldo y el azúcar y poner de nuevo en la olla. Seguidamente, calentar el aceite en una sartén y freír la cebolla picada. Verter en un colador, sumergirlo parcialmente en el puré y con ayuda de un maza de mortero o una cuchara de madera, triturarla bien.

Por último, calentarlo bien si fuera necesario, y servir con los cubitos de pan fritos.

1. Cocinar los fríjoles con la cebolla y el pimentón, hasta que estén tiernos.

2. Retirar la cebolla y el pimentón, y licuar los fríjoles junto con su caldo y el azúcar.

3. Freír la cebolla picada en el aceite caliente.

4. Ponerla en un colador y pasarla apretando con la maza.

— Crema de pepitonas —

Ingredientes para 6 personas:

4 tazas de leche

1 1/2 cucharadas de fécula de maíz

1 cucharada de mantequilla

1 cebolla grande, finamente picada

1 lata de almejas (pepitonas)

1 yema de huevo

El jugo de medio limón

Sal

Calentar en una olla al fuego 3 tazas de leche con un poquito de sal. Cuando esté caliente, agregar la fécula de maíz disuelta en la leche restante y cocinar durante 10 minutos, revolviendo con una cuchara de madera.

A continuación, calentar la mantequilla, freír la cebolla hasta que comience a dorarse, y añadirla a la sopa.

Seguidamente, agregar las almejas con su líquido y revolver. Retirar del fuego, añadir la yema de huevo, batir bien, rociar con el jugo de limón, rectificar la sazón y servir.

1. Calentar 3 tazas de leche, con sal, a fuego lento.

2. Agregar la fécula de maíz disuelta en leche, y cocinar.

3. Incorporar la cebolla frita en la mantequilla.

4. Agregar las almejas, retirar del fuego y añadir la yema.

— Sopa de chipi-chipi —

Ingredientes para 6 personas:

2 lb de chipi-chipi
1 barra de pan de 150 g
2 cucharadas de aceite
6 cebollas largas finamente picadas
3 dientes de ajo picados
3 tomates maduros, picados
1 cucharada de perejil fresco, picado
1 hoja de laurel
1 ramita de tomillo seco
1/2 cucharadita de color (achiote, onoto)
5 tazas de agua
Sal

Lavar bien los chipi-chipi, ponerlos en un recipiente, cubrirlos con agua y reservar.

Seguidamente, cortar el pan en rebanadas, tostarlas en el horno y reservar.

Calentar el aceite en una olla y freír las cebollas y los ajos. Cuando estén transparentes, añadir los tomates, el perejil, el laurel, el tomillo y el color, revolver y freír a fuego bajo, durante 10 minutos.

A continuación, escurrir los chipi-chipi e incorporarlos a la olla, agregar el agua, salar y cocinar todo junto durante 10 minutos más.

Servir en una sopera o en platos individuales, acompañada con el pan tostado.

1. Lavar y dejar los chipi-chipi en remojo.

2. Cortar el pan en rebanadas, tostar éstas y reservar.

3. Freír las cebollas y los ajos, y agregar los ingredientes restantes.

4. Incorporar los chipi-chipi escurridos, rociar con el agua, y cocinar.

— Arroz con pepitonas a la cumanesa —

Ingredientes para 6 personas:

3 tazas de agua

1 pimentón verde (ají dulce)

1 taza de arroz

3 tomates medianos, licuados

4 cucharadas de mayonesa

3 dientes de ajo triturados

2 cucharadas de aceite

2 docenas de almejas (pepitonas) frescas o de lata

1/2 cucharada de alcaparras

2 cucharadas de salsa de soya

Sal

Poner una olla al fuego con el agua, sal y el pimentón, y cuando comience a hervir, añadir el arroz, previamente lavado y escurrido y cocinar.

Mientras tanto, mezclar en un recipiente los tomates, la mayonesa, los ajos y el aceite.

Abrir las almejas y si son de lata, picarlas, reservando el líquido de la lata.

A continuación, cuando el arroz esté casi seco, añadir las almejas con su líquido, las alcaparras y la mezcla de tomate y mayonesa.

Rociar con la salsa de soya y cocinar hasta que el arroz esté cocinado y ensopado.

1. Cocinar el arroz en el agua hirviendo con sal y el pimentón.

2. Mezclar los tomates con la mayonesa, los ajos y el aceite.

3. Abrir las almejas y sin son de lata, picarlas, reservando el líquido de la lata.

4. Incorporar las almejas, las alcaparras, la mezcla de tomate y mayonesa, y cocinar.

— Calalu matutero —

Ingredientes para 6 personas:

1 lb de quimbombós
Un chorrito de vinagre
1/2 repollo finamente picado
2 cucharadas de mantequilla
1 pollo cortado en presas
6 tomates maduros, picados
2 pimentones (ajíes dulces) finamente picados
3 cebollas picadas
3 dientes de ajo picados
Sal

Sumergir los quimbombós en agua con el vinagre durante 30 minutos. Escurrirlos y cortarlos en rodajitas.

Ponerlos en una olla con agua hirviendo con sal, junto con el repollo y cocinar hasta que ambos ingredientes estén tiernos.

Mientras tanto, calentar la mantequilla en una sartén al fuego y dorar el pollo por todos los lados. Añadir todos los ingredientes restantes, salar y cocinar hasta que el pollo esté tierno. Retirarlo de la salsa y desmenuzarlo.

Por último, incorporar de nuevo el pollo a la salsa, escurrir el repollo y los quimbombós, agregarlos al guiso. Revolver todo bien y servir caliente.

1. Cortar los quimbombós en rodajitas.

2. Cocinarlos en agua con sal, junto con el repollo.

3. Freír el pollo en la mantequilla y cocinar con los ingredientes restantes.

4. Desmenuzar el pollo, agregarlo a la salsa e incorporar los quimbombós y el repollo.

— Pudín de vainitas —

Ingredientes para 6 personas:

1 lb de habichuelas (vainitas)
2 tazas de agua
3 cucharadas de mantequilla
1/2 taza de cebolla finamente picada
4 huevos
2 cucharadas de harina de trigo
100 g de queso amarillo, tipo Gouda, rallado
100 g de queso parmesano rallado
1/2 taza de leche
1/2 cucharadita de salsa inglesa
Sal y pimienta
Salsa de tomate o bechamel, para acompañar

Cortar las habichuelas en trocitos de unos 2 centímetros de largo. Lavar y cocinar en una olla con el agua hirviendo con sal, hasta que estén tiernas pero firmes. Escurrir y poner en un recipiente.

Calentar la mantequilla, freír la cebolla y añadirla a las habichuelas junto con los huevos batidos, la harina y pimienta.

Revolver e incorporar los quesos, la leche, la salsa inglesa y sal al gusto.

A continuación, una vez todo bien mezclado, verter en un molde de horno, engrasado con mantequilla y cocinar en el horno, precalentado a 180° C (350° F) durante 35 ó 40 minutos, o hasta que esté cuajado. Servir con salsa de tomate o bechamel.

1. Cocinar las habichuelas hasta que estén tiernas pero firmes.

2. Añadir la cebolla frita, la harina, los huevos y pimienta.

3. Incorporar los quesos, la leche, la salsa inglesa y sal y revolver.

4. Verter en un molde y hornear hasta que esté cuajado.

— Hallacas andinas —

Ingredientes para 16 hallacas:

Para la masa:

2 1/2 lb de maíz blanco pilado, seco
1 cucharada de semillas de achiote (onoto)
2 cucharadas de manteca
2 tazas de caldo de gallina
Sal

Para el relleno:

1/2 gallina o pollo
300 g de carne de res
300 g de carne de cerdo (cochino)
2 cebollas picadas
1 taza de tomates picados

1 puerro (ajo porro)
2 cebollines
1/2 pimentón verde picado
2 ajíes dulces, picados
1 ají picante, picado
Un ramito de hierbas aromáticas
1/2 lb de papelón (panela)
Comino al gusto
Canela en polvo al gusto
Clavos de olor al gusto
1/2 taza de vino dulce
1/2 taza de alcaparras picadas
1/4 taza de aceitunas picadas
1/2 taza de encurtidos triturados
Sal

Para el adorno:

1/2 lb de tocineta
2 cebollas cortadas en aros
2 pimentones morrones, cortados en tiras
50 g de almendras peladas
50 g de pasas
50 g de encurtidos variados
50 g de aceitunas

Para las hojas:

5 ó 6 lb de hojas de plátano
Rollitos de hilaza (pabilo) para amarrar
Sal

1. Lavar el maíz cocinado bajo el chorro del agua fría y escurrir bien.

2. Moler el maíz en la máquina, con el molino muy apretado.

3. Freír las semillas de achiote en la manteca caliente.

4. Amasar el maíz molido con la manteca, tapar y reservar.

5. Picar las carnes y la gallina, previamente cocinadas.

— Hallacas andinas —

Lavar el maíz en varias aguas hasta que salga limpia y ponerlo en una olla. Cubrir con agua y cocinar unos 30 minutos. (Debe quedar blando pero en el centro tiene que quedar corazón). Retirar del fuego, quitar parte del agua, añadir agua fría y dejar en reposo durante 24 horas.

A continuación, escurrir el maíz en un colador, lavarlo bajo el chorro del agua fría, dejar escurrir y quitar las partes oscuras que pudiera tener. Molerlo con la máquina de moler maíz, con el molino muy apretado, ya que la masa debe quedar muy fina.

Freír las semillas de achiote en la manteca hasta que quede coloreada, colar y reservar.

Poner el maíz molido en una superficie plana e ir añadiendo la manteca coloreada y un poco de sal. Volver a pasar todo por la máquina para obtener una masa unida y compacta, añadir el caldo de gallina y trabajar hasta que quede suave y homogénea.

Poner en un recipiente, tapar con un paño húmedo para que no se seque y reservar.

A continuación, preparar el relleno. Cocinar en una olla con agua, la gallina y las carnes con un poco de sal, hasta que estén tiernas. Retirarlas del líquido, reservar un trozo de la pechuga para adornar, picar el resto de la gallina y las carnes y volver a ponerlas en el caldo.

Agregar las cebollas, los tomates, el puerro, los cebollines, el pimentón, los ajíes, y las hierbas, y cocinar a fuego medio durante 10 minutos. Incorporar una bolita de la masa anteriormente preparada y cocinar hasta que la preparación espese ligeramente.

Añadir el papelón, el comino, la canela, los clavos, el vino, las alcaparras, las

6. Verter de nuevo en el caldo y añadir las verduras.

7. Incorporar una bolita de la masa preparada y cocinar para que espese.

8. Preparar y picar todos los ingredientes del adorno.

9. Cortar las hojas de plátano en 3 tamaños.

10. Lavar las hojas y secarlas con un paño o papel absorbente.

— Hallacas andinas —

aceitunas y los encurtidos y cocinar hasta conseguir una consistencia espesa. Apartar y dejar enfriar.

Seguidamente, preparar el adorno. Cocinar la tocineta y cortarla en tiritas. Preparar todos los ingredientes restantes y reservar.

Cortar las hojas en 3 tamaños diferentes, 16 de 40 x 30 cm; 16 de 25 x 20 cm y 16 de 10 ó 12 cm de ancho, que serán las fajas o envolturas transversales.

Lavar las hojas y secarlas. Engrasarlas con manteca por la parte central (las fajas no hay que engrasarlas) y colocar una hoja grande sobre la mesa. Poner en el centro una bola de masa de unos 5 ó 6 cm de diámetro, poner un plástico sobre ella y aplastarla con una tabla hasta dejarla muy fina y de forma circular.

Poner a cucharadas un montoncito de relleno sobre cada círculo de masa. Sobre el relleno, colocar parte del adorno: aros de cebolla, tiras de pimentón, tiras de tocineta, 2 aceitunas, 2 almendras, un poco de encurtidos y unas pasas. Cubrir con un círculo de masa más pequeño que el anterior y presionar el borde con los dedos para que no se salga el relleno. Poner encima 1 hoja más pequeña y doblar los lados de la hoja grande hacia arriba, formando un paquete. Envolver con la faja, y amarrarlo con la hilaza 3 veces en cada dirección.

Por último, colocar las hallacas en un recipiente grande. Cubrirlas con agua y poner unas hojas de plátano encima para mantenerlas sumergidas. Tapar y cocinar durante 1 hora. Sacar con la espumadera y dejarlas escurrir sobre una superficie plana pero inclinada, hasta que se enfríen.

Cuando se vayan a comer, calentarlas en agua o en el horno, envueltas en papel de aluminio.

Para servir, desenvolverlas sobre platos y cortar el exceso de hoja por los lados. Se conservan en el refrigerador hasta 3 ó 4 semanas, aunque el momento óptimo para consumirlas es a los 2 días de cocinarlas, para que adquieran bien el sabor.

11. Poner sobre cada hoja 1 bolita de masa y aplastarla.

12. Verter 2 ó 3 cucharadas del relleno sobre cada círculo.

13. Colocar sobre el relleno un poco del adorno.

14. Cubrir con otro círculo de masa, y éste con una hoja de plátano más pequeña.

15. Doblar las hojas de plátano para formar los paquetes y amarrar con la hilaza.

16. Cocinar las hallacas, cubiertas con agua, y tapadas con unas hojas.

— Pabellón criollo —

Ingredientes para 6-8 personas:

2 lb de fríjoles (caraotas) negros, previamente cocinados
2 lb de carne de falda de res
2 cebollas grandes
3 cucharadas de aceite
3 dientes de ajo
1 pimentón verde (ají dulce)
2 tomates grandes, picados
1/2 cucharadita de color (onoto)
3 plátanos maduros
Sal y pimienta
Arroz blanco para acompañar

Poner una olla al fuego con la carne y 1 cebolla cortada en aros. Salar, cubrir con agua y cocinar hasta que la carne esté tierna. Escurrir la carne, dejarla enfriar y desmecharla.

A continuación, calentar el aceite en una sartén y freír la cebolla restante, finamente picada, y los dientes de ajo, triturados. Cuando empiecen a tomar color, añadir el pimentón cortado en tiritas, los tomates picados, el color y sal y pimienta, y cocinar durante unos minutos.

Seguidamente, verter 2 ó 3 cucharadas del sofrito sobre los fríjoles cocinados y mezclar bien.

Incorporar la carne desmechada al sofrito restante, y cocinar todo junto, revolviendo frecuentemente, durante 5 minutos más.

Por último, pelar los plátanos, cortarlos por la mitad en sentido longitudinal y freírlos en un poco de mantequilla o aceite.

Servir todo acompañado con arroz blanco.

1. Cocinar la carne con una cebolla en aros, hasta que esté tierna.

2. Retirarla de la olla, desmecharla con los dedos y reservar.

3. Mezclar los fríjoles con parte del sofrito previamente preparado.

4. Añadir la carne desmechada al sofrito restante y cocinar 5 minutos.

5. Freír los plátanos en un poco de mantequilla.

— Arroz de rabo a la llanera —

Ingredientes para 6 personas:

1 rabo de res cortado en rodajas
2 cebollas grandes
1 puerro (ajo porro)
1 pimentón rojo
2 ajíes dulces
2 cucharadas de manteca
2 lb de arroz
Sal

Lavar bien el rabo de res y ponerlo en una olla con abundante agua y sal al fuego. Cocinar hasta que esté tierno.

A continuación, picar todas las verduras, calentar la manteca en un recipiente grande y cocinar las verduras durante unos minutos. Agregar el rabo cocinado y deshuesado, el arroz y el caldo donde se cocinó el rabo. Salar y cocinar a fuego bajo hasta que el arroz esté en su punto.

Debe quedar jugosito, por lo que si fuera necesario, añadir un poco de agua durante la cocción.

1. Poner el rabo en una olla con abundante agua y cocinar.

2. Picar finamente todas las verduras.

3. Calentar la manteca y freír la verduras.

4. Mezclarlas con el rabo deshuesado y el arroz, y cocinar.

— Arverjas guisadas —

Ingredientes para 6 personas:

2 lb de arvejas
1/2 lb de carne magra de cerdo (cochino)
3 cucharadas de aceite
1 cebolla
1 pimentón rojo
2 tomates
1/2 lb de papas
Sal

Lavar las arvejas y cocinar en agua hirviendo con sal, hasta que estén medio tiernas.

Mientras tanto, cortar la carne en cubitos pequeños. Calentar el aceite en una sartén y dorar la carne. Agregar la cebolla, el pimentón y los tomates, previamente picados y freír todo junto durante 10 minutos.

Incorporar el sofrito de carne con verduras a las arvejas, revolver, añadir las papas cortadas en cubitos y cocinar todo junto durante 25 minutos o hasta que todo esté en su punto. Servir bien caliente.

1. Cocinar las arvejas en agua hirviendo con sal.

2. Cortar la carne en cubitos y freír en el aceite caliente.

3. Añadir las verduras y cocinar todo junto 10 minutos.

4. Agregar a las arvejas cocinadas, revolviendo bien.

5. Incorporar las papas y cocinar hasta que todo esté tierno.

— Carite al ajo —

Ingredientes para 6 personas:

2 lb de atún (carite) en rebanadas
8 cucharadas de aceite
1 cebolla grande
1 diente de ajo
2 lb de tomates maduros
1/2 taza de vinagre
1 cucharada de azúcar
2 cucharadas de perejil fresco, picado
Sal y pimienta

Calentar el aceite en una sartén y freír el pescado, previamente sazonado, hasta que esté dorado.

A continuación, pelar y picar la cebolla, el diente de ajo y los tomates.

En el mismo aceite de haber frito el pescado, freír la cebolla, el ajo y los tomates. Añadir el vinagre y el azúcar y cocinar hasta que la salsa esté espesa. Sazonar con sal y pimienta, incorporar de nuevo el pescado y cocinar todo junto durante 10 minutos.

Servir salpicado con el perejil picado.

1. Calentar el aceite y freír las rebanadas de pescado.

2. Picar la cebolla, el ajo y los tomates.

3. Freír el picadillo y añadir el vinagre y el azúcar.

4. Incorporar de nuevo el pescado y cocinar 10 minutos.

— Mejillones a la marinera —

Ingredientes para 6 personas:

4 lb de mejillones
1 taza de agua
2 cucharadas de mantequilla
2 dientes de ajo picados
1 cebolla pequeña picada
1 hoja de laurel
1 ramita de tomillo
1 taza de vino blanco seco
Sal y pimienta
Arroz blanco para acompañar

Lavar cuidadosamente los mejillones, cepillándolos y raspando bien.

Cuando los mejillones estén bien limpios, ponerlos en una olla, añadir el agua y cocinar hasta que los moluscos se abran. Colar el líquido y reservar.

A continuación, calentar la mantequilla en una sartén grande y freír la cebolla junto con los ajos, el laurel y el tomillo, hasta que la cebolla esté transparente.

Mientras se cocina el sofrito, separar los mejillones de las conchas, desechando los que no se hayan abierto, ya que esto es señal de que no están frescos, y arrancando la barba que tienen dentro.

Seguidamente, añadir los mejillones a la sartén, el líquido reservado y el vino. Cocinar durante unos minutos y servir salpicados con perejil picado y arroz blanco.

1. Lavar bien los mejillones, raspándolos concienzudamente.

2. Freír la cebolla junto con los ajos, el tomillo y el laurel.

3. Separar los mejillones de las conchas, retirando las barbas que tienen.

4. Añadir los mejillones a la sartén junto con el líquido reservado y el vino, y cocinar.

— Sardinas al gratén —

Ingredientes para 6 personas:

2 lb de sardinas frescas, medianas
1 lb de papas
1 cucharada de mantequilla
2 tazas de salsa blanca
100 g de queso amarillo, rallado
Sal

Lavar bien las papas y cocinarlas en agua con sal hasta que estén tiernas. Pelarlas y cortarlas en rebanadas.

A continuación, quitar las cabezas y las tripas de las sardinas, y lavarlas bien.

Seguidamente, engrasar una fuente refractaria con mantequilla. Poner una capa de rebanadas de papa. Cubrir con una capa de sardinas, sazonar y rociar por encima la mitad de la salsa blanca. Espolvorear con la mitad del queso y repetir de nuevo la operación: papas, sardinas, sal, salsa blanca y queso.

Por último, introducir en el horno precalentado a 170° C (340° F) unos 15 ó 20 minutos, retirar del horno y servir.

1. Cocinar las papas en agua con sal hasta que estén tiernas. Pelar y cortar en rebanadas.

2. Quitar las cabezas y las tripas a las sardinas, teniendo cuidado de no romper los lomos, y lavarlas bien.

3. Engrasar una fuente, poner una capa de papas y encima, otra capa con sardinas.

4. Rociar con la mitad de la salsa blanca y la mitad del queso, repetir la operación, y hornear.

— Brochetas de mariscos —

Ingredientes para 4 personas:

12 langostinos
1 lb de mero, en una rebanada
1/2 pimentón verde
1/2 pimentón rojo
1 cebolla cortada en trozos
3 dientes de ajo
Un ramillete de perejil fresco
6 cucharadas de aceite
1 cucharada de vinagre
Sal

Pelar los langostinos, dejándoles la cola, y cortar el mero en cuadrados.

A continuación, ensartar en las brochetas alternando el mero, los langostinos, los pimentones y la cebolla.

Seguidamente pelar los dientes de ajo y machacarlos en el mortero junto con el perejil y sal. Añadir el aceite y el vinagre y mezclar todo bien.

Por último, calentar una plancha al fuego, poner en ella las brochetas y untarlas con el aliño preparado. Cocinarlas durante unos minutos por cada lado, impregnándolas bien con el aliño.

1. Pelar los langostinos y cortar el mero en cubitos.

2. Ensartar todos los ingredientes en las brochetas.

3. Preparar un aliño con los ajos, el perejil, sal, aceite y vinagre.

4. Cocinar las brochetas en una plancha, untándolas con el aliño.

— Bacalao al orégano —

Ingredientes para 6 personas:

2 lb de bacalao seco, cortado en trozos
2 cucharadas de aceite
3 diente de ajo machacados
1 cebolla grande picada
1 cucharada de perejil fresco, picado
2 cucharadas de orégano seco, molido
1/2 cucharadita de pimienta negra molida
3 cucharadas de pan molido
Sal

Poner el bacalao en remojo en agua fría, durante 24 horas, cambiando el agua varias veces.

Transcurrido el tiempo de remojo del bacalao, escurrirlo y ponerlo en una olla. Cubrir de nuevo con agua y cocinar durante aproximadamente unos 3 minutos. Escurrir, reservando una taza escasa del líquido de cocción, y desmenuzar el bacalao, desechando las pieles y las espinas.

A continuación, calentar el aceite en una sartén y freír los ajos y la cebolla durante unos minutos, hasta que estén transparentes. Añadir a la sartén el perejil, el orégano, la pimienta y un poco de sal si fuera necesario, y el bacalao, y revolver todo bien.

Poner todo en una fuente refractaria, espolvorear con el pan molido e introducir en el horno, precalentado a 190° C (375° F), durante 20 minutos.

1. Cocinar el bacalao, previamente remojado, durante 3 minutos.

2. Escurrir, y desmenuzar el bacalao, desechando pieles y espinas.

3. Freír los ajos y la cebolla, agregar el perejil, el orégano, la pimienta y el bacalao y revolver.

4. Poner en una fuente refractaria, espolvorear con el pan molido y hornear durante 20 minutos.

— Pudín de pargo —

Ingredientes para 6 personas:

1 lb de pargo fresco en filetes
1 lb de papas cortadas en cubitos
50 g de arvejas
2 zanahorias cortadas en cubitos
1 lb de tomates maduros, pelados y picados
2 cebollas picadas
1 cucharada de perejil fresco, picado
1 bollo de pan pequeño
1 taza de leche
25 aceitunas picadas
6 pepinillos en vinagre picados
2 cucharadas de salsa inglesa
2 cucharadas de salsa de tomate
5 huevos batidos
2 cucharadas de mantequilla
Aceite para freír
Sal

Freír el pescado en una sartén al fuego. Retirar y desmenuzar.

Poner en una olla las papas, las arvejas y las zanahorias. Cubrir con agua, salar y cocinar hasta que todo esté tierno. Hacer un puré y reservar.

Calentar un poco de aceite en una sartén y hacer un sofrito con los tomates y las cebollas. Añadir el perejil y la miga del pan, mojada en la leche. Revolver, incorporar el pescado y todos los ingredientes restantes excepto la mantequilla, y mezclar todo bien.

Engrasar con la mantequilla un molde refractario. Verter en él la mezcla y cocinar en el horno precalentado a 165° C (325° F), al baño María, hasta que esté bien cuajado y la superficie dorada. Desmoldar y decorar al gusto.

1. Freír el pescado, retirar y desmenuzar.

2. Cocinar las papas, las zanahorias y las arvejas, y hacerlas puré.

3. Preparar un sofrito con la cebolla y los tomates, e incorporar los ingredientes restantes.

4. Verter en un molde previamente engrasado con mantequilla y cocinar al baño María.

— Mero con salsa de naranja —

Ingredientes para 4 personas:

4 rebanadas grandes de mero

El jugo de 1 limón

4 dientes de ajo

1/2 taza de aceite

2 cucharadas de perejil fresco, picado

1 taza de pan molido (bizcocho rallado)

El jugo de 3 naranjas

Sal y pimienta

Arroz blanco para acompañar

Colocar el pescado en una fuente, sazonar con sal y pimienta y rociar con el jugo de limón. Dejar reposar 1 hora. Mientras tanto, asar los ajos con su piel, pelarlos y triturarlos junto con el aceite, el perejil y sal, y cubrir con esta mezcla el pescado preparado anteriormente.

A continuación, pasar el pescado por el pan molido y ponerlo en una fuente refractaria de horno.

Rociar con el jugo de naranja y cocinar en el horno precalentado a 180° C (350° F) durante 12 ó 14 minutos.

Servir con arroz blanco y salsas al gusto.

1. Sazonar el pescado y rociar con jugo de limón.

2. Asar los ajos, pelarlos y triturarlos con el aceite, perejil y sal.

3. Cubrir el pescado con la mezcla preparada.

4. Pasar por el pan molido, colocar en una fuente y hornear.

— Hervido de pargo guaireño —

Ingredientes para 8 personas:

2 1/2 lb de pargo en rebanadas
El jugo de 2 limones
Aceite
1 lb de ñame blanco cortado en cubitos
1 lb de papas, cortadas en cubitos
8 plátanos verdes (cambures topochos)
Sal y pimienta

Para el caldo:

1 cabeza de pescado de roca
1 cebolla
1 puerro (ajo porro)
1 diente de ajo
1 ramillete de hierbas (laurel, tomillo, perejil, cilantro)
1 pimentón verde

Poner todos los ingredientes del caldo una vez limpios, en una olla al fuego. Cubrir con 2 litros de agua, añadir sal y cocinar durante 20 minutos. Mientras tanto, poner el pescado en una fuente, rociar con un poco del jugo del limón, un chorrito de aceite, sazonar con sal y pimienta, y dejar en este adobo.

Cuando el caldo esté cocinado, colarlo, volverlo a poner en la olla, añadir el ñame y las papas y cocinar. En otro recipiente cocinar los plátanos en un poco de agua con sal y jugo de limón, hasta que estén bien tiernos. Cuando las papas y el ñame estén tiernos, agregar las rebanadas de pescado y cocinar durante 10 minutos. Incorporar los plátanos cocinados y aliñar con un buen chorro de aceite y jugo de limón. Servir acompañado de mojo verde.

1. Poner todos los ingredientes del caldo en una olla y cocinar.

2. Adobar el pescado con jugo de limón, aceite y sal y pimienta.

3. Colar el caldo y cocinar en él las papas y el ñame.

4. Agregar las rebanadas de pescado y cocinar 10 minutos.

5. Aliñar con jugo de limón y un buen chorro de aceite y servir.

— Guiso de cazón —

Ingredientes para 4 personas:

1 1/2 lb de cazón
El jugo de 2 limones
5 cucharadas de aceite
3 dientes de ajo picados
1 cebolla picada
1 tomate grande
1/2 pimentón, rojo
1 cucharada de ají dulce picado
1 cucharada de salsa inglesa
Sal y pimienta

Poner una olla al fuego con agua y cuando comience a hervir sumergir el cazón durante unos segundos. Sacarlo, limpiarlo bien, cortarlo en cuadros y sumergir de nuevo en un recipiente con agua y jugo de limón durante unos minutos.

A continuación, calentar el aceite en una olla al fuego y freír lentamente los ajos y la cebolla durante unos 5 minutos.

Mientras tanto, picar el tomate, el pimentón y el ají. Incorporarlos a la olla y cocinar durante aproximadamente unos 7 u 8 minutos.

Seguidamente agregar el pescado, la salsa inglesa y sal y pimienta y revolver todo bien con una cuchara de madera.

Por último, cocinar a fuego bajo durante 15 ó 20 minutos, o hasta que el guiso seque ligeramente, y servir.

1. Sumergir el cazón en agua hirviendo, sacar, trocear y sumergir de nuevo en agua con jugo de limón.

2. En una olla con el aceite caliente, freír la cebolla y los ajos durante 5 minutos.

3. Picar el tomate, el pimentón y el ají e incorporar a la olla.

4. Añadir el pescado y cocinar 15 ó 20 minutos.

— Calamares rellenos con jamón —

Ingredientes para 4 personas:

12 calamares pequeños
100 g de jamón crudo
2 huevos duros
3 cebollas picadas
Aceite para freír
3 cucharadas de pan molido
2 copas de vino
1 taza de caldo de verduras
Nuez moscada
Harina de trigo
Sal y pimienta
Arroz blanco para acompañar

Limpiar cuidadosamente los calamares, dejando las bolsas enteras y picar las patas, así como el jamón y los huevos.

Calentar un poco de aceite en una sartén y rehogar las cebollas hasta que empiecen a ablandar. Retirar y reservar.

En la misma sartén, sofreír los calamares picados, al cabo de unos minutos añadir el jamón y 1/3 de la cebolla rehogada. Incorporar el pan molido y 1 copa de vino, sazonar con sal, pimienta y nuez moscada, revolver bien y retirar del fuego.

A continuación, añadir a la mezcla preparada, los huevos picados, revolver y rellenar los calamares, cerrando la abertura con un palillo.

Enharinarlos, freírlos ligeramente en un poco de aceite y ponerlos en una olla. Añadir la cebolla reservada, el caldo y el vino restante, tapar y cocinar durante 30 minutos hasta que los calamares estén tiernos. Servir acompañados con arroz blanco.

1. Pelar los huevos duros y picarlos, así como el jamón y las patas de los calamares.

2. Sofreír las patas de los calamares y el jamón, añadir cebolla y rociar con 1 copa de vino.

3. Rellenar los calamares con la mezcla.

4. Freírlos ligeramente, y cocinar hasta que estén tiernos.

— Albóndigas de lebranche —

Ingredientes para 4 personas:

1 1/2 lb de lebranche ligeramente cocinado, sin piel ni espinas
3 papas cocinadas y hechas puré
1 cebolla finamente picada
1 cucharada de harina de trigo
3 huevos batidos
Nuez moscada
2 cucharadas de perejil fresco picado
Aceite para freír
Sal y pimienta

Para la salsa:

1 cebolla rallada
1 pimentón rojo, rallado
3 tomates picados
1 cucharada de perejil fresco picado

1 cucharadita de orégano en polvo
1/2 taza de aceite
Sal y pimienta

Desmechar el pescado y mezclarlo con el puré de papas, la cebolla, la harina y los huevos. Sazonar con sal, pimienta y nuez moscada, añadir el perejil picado y mezclar todo bien hasta que la mezcla esté homogénea.

A continuación, formar las albóndigas y pasarlas por harina. Calentar aceite en una sartén y freír las albóndigas, hasta que estén bien doradas.

Seguidamente, poner todos los ingredientes de la salsa en una sartén grande, y cocinar a fuego medio hasta que todo esté bien frito. Incorporar las albóndigas, anteriormente preparadas y cocinar durante 10 minutos.

Servir con arroz blanco y decoradas al gusto.

1. Mezclar todos los ingredientes de las albóndigas.

2. Formar las albóndigas y pasarlas por harina.

3. Freírlas en abundante aceite hasta que estén bien doradas.

4. Preparar la salsa, agregar las albóndigas y cocinar 10 minutos.

— Bacalao en salsa verde —

Ingredientes para 6 personas:

2 lb de bacalao salado
Un manojo grande de perejil fresco
Un manojo grande de cilantro fresco
3 cucharadas de perejil fresco picado
Unas hebras de azafrán (color)
I ají picado
3 cucharadas de pepinillos encurtidos, picados
I cucharada de vinagre de vino
Sal

Cortar el bacalao en trozos y poner en remojo la noche anterior.

Poner el bacalao remojado y escurrido en una olla. Cubrirlo con agua, poner al fuego y cuando el agua comience a hervir, apartarlo y escurrir.

Verter en la licuadora los manojos de perejil y cilantro. Añadir I taza de agua y licuar. Poner el jugo obtenido en un recipiente y añadir todos los ingredientes restantes.

Colocar el bacalao en una fuente de servir y poner por encima la salsa preparada. Servir frío.

I. Poner en remojo el bacalao, la noche anterior.

2. Poner al fuego y cuando el agua comience a hervir, retirar.

3. Licuar el perejil y el cilantro y añadir los ingredientes restantes.

4. Poner el bacalao en una fuente y cubrir con la salsa preparada.

— Perico andino —

Ingredientes para 6 personas:

2 cucharadas de aceite
100 g de chorizo criollo, desmenuzado
1 cebolla grande picada
1 pimentón verde picado
2 tomates grandes en cubitos
6 huevos
Sal

Calentar el aceite en una sartén al fuego, agregar el chorizo desmenuzado y dorar el chorizo.

Seguidamente, añadir la cebolla, el pimentón y los tomates y freír durante 10 ó 15 minutos.

A continuación, batir los huevos en un recipiente, sazonar al gusto y agregarlos a la sartén. Cocinar durante unos minutos, revolviendo hasta que estén cuajados, y servir inmediatamente.

1. Calentar el aceite y dorar el chorizo.

2. Añadir las verduras picadas y cocinar.

3. Batir los huevos en un recipiente y sazonar.

4. Incorporarlos a la sartén y cocinar hasta que cuajen.

— Huevos con queso de mano —

Ingredientes para 6 personas:

6 huevos
2 cucharadas de mantequilla
1/2 lb de salsa de tomate
1 mozarella (queso de mano)
3 cucharadas de queso rallado

Calentar abundante agua en una olla al fuego y, cuando rompa a hervir, escalfar los huevos, teniendo mucho cuidado para que no se rompan, y reservar.

Seguidamente, engrasar con la mantequilla el fondo y las paredes de un molde refractario y cubrir el fondo con la mitad de la salsa de tomate, extendiéndola de manera uniforme. Poner sobre el tomate rebanaditas pequeñas de queso y sobre éste, los huevos escalfados.

A continuación, cubrir con el resto de la salsa. Espolvorear con el queso rallado y pegotitos de mantequilla e introducir en el horno precalentado a 180° C (350° F) durante 15 minutos, para que el queso se derrita. Servir inmediatamente.

1. Escalfar los huevos en agua hirviendo y reservar.

2. Engrasar un molde refractario con un poco de mantequilla.

3. Cubrir el fondo con salsa de tomate y éste con queso en lonchas y poner encima los huevos.

4. Cubrir con el tomate restante, espolvorear con el queso rallado y hornear.

Huevos en tomate

Ingredientes para 6 personas:

6 tomates
6 rebanadas de pan cuadradas
125 g de mantequilla
125 g de queso rallado
6 huevos
Sal

Pelar los tomates con mucho cuidado, cortar una capa por la parte superior y extraer el corazón y semillas, procurando que quede algo de pulpa.

A continuación, mezclar la pulpa de tomate extraída con la mitad de la mantequilla y del queso rallado. Untar con este preparado las rebanadas de pan y colocar en un platón refractario.

Seguidamente cascar un huevo dentro de cada tomate, salar, cubrir con la mantequilla restante y espolvorear con el queso. Colocar cada tomate sobre una rebanada de pan e introducir en el horno con el broiler encendido durante aproximadamente unos 20 minutos para que los huevos cuajen y se gratine la superficie. Servir de inmediato decorados al gusto.

1. Pelar los tomates con mucho cuidado.

2. Mezclar la pulpa con parte de la mantequilla y el queso.

3. Untar con el preparado las rebanadas de pan y colocar en un platón refractario.

4. Cascar un huevo dentro de cada tomate. Poner sobre el pan y gratinar.

— Tortilla con sardinas —

Ingredientes para 4 personas:

250 g de sardinas frescas
3 huevos batidos
2 cucharadas de perejil fresco picado
Aceite para freír
Sal y pimienta

Lavar bien las sardinas, quitar las cabezas y abrirlas, desechando la espina. A continuación, salarlas y freírlas en una sartén con el aceite caliente. Retirarlas, cortarlas en trocitos y añadirlas a los huevos previamente batidos.

Seguidamente, incorporar el perejil picado y sazonar con sal y pimienta, mezclando todo bien.

Por último, cuajar la tortilla en una sartén antiadherente por ambos lados, y servir.

1. Limpiar las sardinas, desechando la espina.

2. Freírlas en aceite y cortarlas en trocitos.

3. Mezclar todos los ingredientes y sazonar.

4. Cuajar la tortilla por ambos lados, y servir.

— Pollo al ron con piña —

Ingredientes para 4 personas:

1 pollo de 3 lb aproximadamente
2 cucharadas de manteca de cerdo
1 pizca de jengibre en polvo
2 cebollas finamente picadas
1 copita de ron
El jugo de 1 limón
2 cucharadas de jugo de piña
6 rodajas de piña cortadas en dados
Sal y pimienta de Cayena, al gusto

Atar el pollo y dorarlo en una olla grande donde se habrá calentado la manteca.

Cuando esté bien dorado, sazonar con el jengibre, sal y pimienta. Añadir la cebolla y rehogar.

A continuación, calentar el ron en un recipiente al fuego, rociarlo sobre el pollo y prenderle fuego. Añadir los jugos de limón y piña, tapar y cocinar durante 30 minutos.

Por último, incorporar los dados de piña y continuar cocinando hasta que el pollo esté en su punto.

Servir con una guarnición de verduras y decorado al gusto.

1. Atar bien el pollo y dorarlo en una olla con la manteca caliente.

2. Agregar la cebolla picada y rehogar unos minutos.

3. Rociar con el ron caliente, prenderle fuego y agregar los jugos de limón y piña.

4. Incorporar los dados de piña y terminar de cocinar hasta que esté tierno.

— Escabeche de pollo —

Ingredientes para 4 personas:

1 pollo de 3 lb aproximadamente
2 cebollas
4 dientes de ajo
3 cucharadas de manteca
2 cucharadas de aceite
3 cucharadas de encurtidos en vinagre
1/2 taza de vinagre
Pimienta
Sal

Cortar el pollo en 10 ó 12 trozos, lavarlo y ponerlo en un recipiente. Añadir 1 cebolla rallada y 2 dientes de ajo picados. Sazonar con sal y pimienta, revolver y dejar en el adobo durante 2 horas.

A continuación, calentar en una olla la manteca y el aceite y freír el pollo con su adobo, lentamente, hasta que esté tierno.

Mientras tanto, licuar la cebolla y los ajos restantes junto con los encurtidos.

Cuando el pollo esté tierno, retirarlo de la olla y colocarlo en una fuente de servir. Añadir a la olla los ingredientes licuados y el vinagre y cocinar 5 minutos.

Por último, rociar con esta salsa el pollo, y servir.

1. Poner el pollo en trozos con cebolla y ajos en un recipiente, sazonar y dejar macerar 2 horas.

2. Calentar en una olla la manteca y el aceite y freír el pollo junto con su adobo.

3. Licuar la cebolla y los ajos restantes junto con los encurtidos.

4. Agregar a la olla, añadir el vinagre y cocinar 5 minutos.

— Higadillos al vino —

Ingredientes para 4 personas:

1 1/2 lb de higadillos de pollo
2 clavos de olor
4 cucharadas de aceite
2 dientes de ajo picados
2 cebollas picadas
1 puerro (ajo porro) picado
1 copa de vino dulce
1 hoja de laurel
1 ramito de tomillo
1/2 taza de caldo
Sal y pimienta

Machacar en el mortero los clavos junto con sal y pimienta y añadirlos a los higadillos, previamente lavados. Dejar reposar unas 2 horas.

A continuación, calentar el aceite en una olla y rehogar los ajos, las cebollas y el puerro, durante 10 minutos. Incorporar los higadillos y saltearlos a fuego fuerte durante unos minutos.

Seguidamente, rociar con el vino, cocinar unos minutos para que se evapore ligeramente y añadir el laurel, el tomillo y el caldo. Revolver todo bien y cocinar durante aproximadamente unos 10 minutos. Servir bien calientes acompañados con arroz blanco.

1. Lavar los higadillos, mezclar con los clavos de olor, sal y pimienta y dejar macerar.

2. Rehogar los ajos, las cebollas y el puerro, todo bien picado, durante 10 minutos.

3. Agregar los higadillos, saltearlos, añadir el vino y dejar evaporar ligeramente.

4. Incorporar el laurel, el tomillo y el caldo y cocinar durante 10 minutos.

— Pavo relleno —

Ingredientes para 12 personas:

1 pavo de unas 9 lb, lavado y seco

Para el adobo:

El jugo de 2 limones • 2 cucharadas de salsa inglesa
5 cucharadas de aceite • 2 cucharadas de vinagre
1 ramita de mejorana • 1 ramita de tomillo
1/2 taza de vino blanco • 3 cucharadas de coñac
Sal y pimienta

Para el consomé:

6 tazas de agua • Patas, molleja e higadillos del pavo
1/2 puerro (ajo porro) • 1/2 cebolla • 1 hoja de laurel
1 ramita de apio • 3 granos de pimienta negra • Sal

Para el relleno:

6 cucharadas de mantequilla • 1 lb de hongos picados
3 cucharadas de vino blanco • 1 cebolla picada
6 dientes de ajo • 2 cebollines picados
300 g de carne molida de cerdo (cochino)
100 g de higadillos de pollo picados
1 cucharadita de salsa inglesa • 3 cucharadas de vino dulce
1 cucharadita de tomillo seco • 1 taza de consomé
2 cucharadas de papelón rallado
1 lb de batata blanca, pelada y picada
1/4 taza de casabe o pan molido • Sal y pimienta

Para la salsa:

1 1/4 tazas de consomé • 1/2 taza de vino dulce
1 cucharada de fécula de maíz (maicena)
Sal y pimienta

Mezclar en una licuadora los ingredientes del adobo y cubrir con él el pavo. Dejar macerar en el refrigerador varias horas. Poner todos los ingredientes del consomé en una olla al fuego y cocinar 1 hora. Colar y reservar.

Calentar 3 cucharadas de mantequilla en una sartén y freír los hongos hasta que se seque el líquido que sueltan. Añadir el vino blanco, cocinar 3 minutos más y reservar. Calentar la mantequilla restante y freír la cebolla, los ajos y los cebollines. Agregar la carne, los higadillos, la salsa inglesa, el vino dulce, el tomillo, el consomé y el papelón. Salpimentar y cocinar 20 minutos. Incorporar la batata y los hongos, cocinar 10 minutos, agregar el casabe, revolver y cocinar 5 minutos más. Retirar del fuego y dejar enfriar.

Rellenar el pavo por ambos extremos y coser y amarrar las patas y alas. Colocar en una bandeja, con la pechuga hacia arriba, rociar con el líquido del adobo sobrante, taparlo con papel de aluminio e introducir en el horno precalentado a 190° (375° F), durante 1 1/2 horas, rociándolo de vez en cuando con su jugo. Darle la vuelta, y hornear hasta que al

pincharle con una brocheta, el líquido salga transparente. Retirar el papel y hornear 1/2 hora más.

Por último, retirar el pavo de la bandeja y añadir a ésta el consomé y el vino. Raspar bien para que se desprendan todos los residuos. Poner la bandeja al fuego, agregar la fécula de maíz y cocinar, sin dejar de revolver, durante 10 minutos. Corregir la sazón y servir bien caliente con el pavo.

1. Mezclar los ingredientes del adobo, cubrir el pavo y dejar en maceración.

2. Poner los ingredientes del consomé en una olla y cocinar 1 hora. Colar y reservar.

3. Freír los hongos picados. Añadir el vino, cocinar 2 ó 3 minutos y reservar.

4. Freír la cebolla, los ajos y los cebollines. Añadir la carne y los higadillos y cocinar.

5. Rellenar el pavo con el relleno preparado y frío y hornear.

— Codornices rellenas —

Ingredientes para 4 personas:

4 codornices
2 manzanas
4 tiras de tocineta
1/4 cucharadita de ajo en polvo
2 cucharaditas de salvia en polvo
2 cucharadas de mantequilla
2 cucharadas de aceite
1/2 vaso de vino
1/2 taza de caldo de carne
Sal

Pelar las manzanas, picarlas y mezclarlas con 2 tiras de tocineta picada, el ajo, la salvia y sal.

Rellenar las codornices con el preparado anterior, tapar el hueco con media tira de tocineta para que no se salga el relleno y atar las codornices.

Seguidamente, calentar la mantequilla junto con el aceite en una olla al fuego, y dorar las codornices rellenas por todos los lados. Agregar el vino y el caldo y cocinar durante aproximadamente unos 25 minutos, o hasta que las codornices estén tiernas. Servir con gajos de manzana y papas fritas, o al gusto.

1. Mezclar las manzanas con tocineta, ajo, salvia y sal.

2. Rellenar las codornices. Tapar el hueco con tocineta y atar.

3. Calentar la mantequilla y el aceite y dorar las codornices.

4. Añadir el vino y el caldo y cocinar durante 25 minutos.

— Pollo endiablado —

Ingredientes para 6 personas:

1 pollo grande
1/2 taza de vinagre
1/2 taza de aceite
2 cebollas
1 taza de agua
1 l de leche
2 cucharadas de perejil fresco picado
2 cucharadas de harina de trigo
1 lata pequeña de diablitos
1 cucharada de mantequilla
4 cucharadas de queso parmesano rallado
4 huevos
2 cucharadas de pan molido (bizcocho rallado)

Pimienta

Sal

Salar el pollo, rociarlo con el vinagre y dejar en maceración, en el refrigerador, hasta el día siguiente.

Calentar el aceite en una olla y dorar el pollo por todos los lados, junto con 1 cebolla cortada en trozos. Añadir el vinagre de la maceración y el agua y cocinar a fuego bajo hasta que esté tierno. Retirarlo, despresarlo y deshuesar.

A continuación, agregar a la olla la mitad de la leche y el perejil. Cuando comience a hervir, añadir el pollo, la cebolla restante cortada en aros, sazonar con sal y pimienta y rociar con la leche restante, donde habrá diluido la harina. Revolver y cocinar unos minutos para que la salsa espese. Incorporar el diablito y la mantequilla, revolver y retirar del fuego.

Colocar en una fuente refractaria la tercera parte del pollo, con su salsa. Espolvorear con queso rallado y rociar con un poco de huevo batido. Repetir la operación dos veces, terminando con huevo batido. Espolvorear con el pan molido e introducir en el horno, con el broiler encendido, hasta que se dore la superficie.

1. Dorar el pollo, previamente macerado, por todos los lados.

2. Agregar el vinagre de la maceración y el agua, y cocinar.

3. Incorporar la leche y dejar que la salsa espese.

4. Añadir el diablito y la mantequilla, revolver y dar un hervor.

5. Colocar en una fuente, a capas, rociar con huevo batido y hornear.

— Bistec caraqueño —

Ingredientes para 8 personas:

4 lb de lomito (ganso) de res cortado en filetes de 1 1/2 cm de espesor
3 dientes de ajo machacados
1 cucharada de aceite
1 cucharada de vinagre
2 cebollas cortadas en ruedas gruesas
16 ruedas de tomate, sin semillas pero con piel
Aceite para freír
Sal y pimienta

Poner los filetes entre 2 láminas de plástico y aplanarlos con ayuda de una espátula de madera.

Mezclar en un recipiente los ajos, el aceite, el vinagre, sal y pimienta, embadurnar bien los filetes con la mezcla y dejar en maceración 1/2 hora.

A continuación, freír los filetes en aceite caliente y reservar calientes.

En el mismo aceite de freír la carne, dorar las ruedas de cebolla y de tomate y colocarlas sobre los filetes. Servir bien calientes.

1. Poner los bisteces en dos láminas de plástico y aplanarlos.

2. Mezclar los ajos con el aceite, el vinagre, sal y pimienta.

3. Freír los bisteces en aceite caliente, retirar y reservar.

4. Freír la cebolla y el tomate y poner encima de los bisteces.

— Venado asado —

Ingredientes para 6 personas:

1 trozo de costillar de venado, de unas 4 lb, aproximadamente

1 cebolla grande

1 cabeza de ajos

1 pimentón (pimiento) rojo

1 cucharadita de orégano

1 cucharadita de tomillo

1 hoja de laurel

4 tazas de leche

1/2 lb de hongos (champiñones)

Sal

Lavar, secar la carne y colocarla en una fuente de loza o cristal.

Picar la cebolla, los ajos y el pimentón, y mezclar con el orégano, el tomillo, el laurel desmenuzado y sal.

Cubrir la carne con el preparado anterior, rociar con la leche y dejar macerar durante 1 hora.

A continuación, retirar la carne del adobo, colocar en un refractario e introducir en el horno, precalentado a 190° C (375° F). Hornear hasta que esté tierno rociándolo de vez en cuando con el adobo. Cuando esté tierno, retirar del horno y licuar la salsa.

Ponerla en un recipiente, añadir los hongos fileteados y cocinarlos.

Mientras tanto, separar el costillar en porciones, y servir cubierto con la salsa y decorado al gusto.

2. Mezclar con las hierbas y cubrir la carne con el preparado.

3. Rociar con la leche y macerar durante 1 hora.

1. Picar la cebolla, los ajos y el pimentón.

4. Picar los hongos, cocinarlos en la salsa licuada y cubrir la carne.

— Pisillo —

Ingredientes para 6 personas:

3 lb de falda o lagarto de res
2 cebollas ralladas
2 dientes de ajo triturados
Una pizca de orégano en polvo
Una pizca de comino en polvo
3 cucharadas de aceite
4 cucharadas de cebolla picada
Pimienta
Sal

Poner la carne en un recipiente, cubrir con la cebolla rallada y mezclada con los ajos, el orégano, el comino, sal y pimienta, y dejar en maceración durante 1 hora.

Seguidamente, poner en una olla al fuego la carne con su adobo, y cocinar a fuego bajo, tapada, hasta que esté tierna. Añadir un poco de agua si fuera necesario.

A continuación, colocar la carne sobre una tabla y golpearla hasta reducirla a 2 centímetros de espesor, cortarla en trozos, y desmecharla muy fino.

Calentar el aceite en una sartén y freír la cebolla picada. Añadir la carne y cocinar 3 ó 4 minutos. Incorporar el líquido de la cocción y cocinar, revolviendo continuamente, hasta que quede seca y brillante.

1. Cubrir la carne con la cebolla, los ajos y las especias y macerar 1 hora.

2. Golpear la carne cocinada hasta reducirla a 2 cm de espesor.

3. Cortar la carne en trozos y desmecharla muy fino.

4. Freír la cebolla picada, añadir la carne y cocinar durante 3 ó 4 minutos.

5. Incorporar el líquido de la cocción y cocinar hasta que quede seca y brillante.

— Migas heroicas —

Ingredientes para 6 personas:

2 lb de falda o pecho de res
1/2 cebolla
1 pimentón (pimiento) verde
1 puerro (ajo porro)
3 tomates
2 zanahorias
2 papas picadas
150 g de apio (celery), picado
1/2 lb de auyama picada
1 ramita de cilantro fresco picado
1 ramita de hierbabuena picada
2 mazorcas (choclo, jojoto) cortadas en ruedas
1 plátano pintón, picado
3 arepas desmenuzadas
1/2 taza de casabe desmenuzado
Sal

Picar la carne menuda. Picar la cebolla, el pimentón, el puerro, los tomates y las zanahorias.

Poner la carne y las verduras picadas en una olla con agua. Salar y cocinar hasta que la carne esté tierna. Colar y reservar.

Mientras tanto poner en otra olla las papas, el apio, la auyama, el cilantro, la hierbabuena y las mazorcas. Cubrir con agua y cocinar hasta que esté todo tierno. Agregar el plátano y cocinar 10 minutos. Incorporar la carne, las arepas y el casabe. Revolver y servir.

1. Cortar la carne en trocitos.

2. Picar las verduras y cocinar con la carne.

3. En otra olla cocinar las verduras restantes.

4. Agregar la carne, las arepas y el casabe, revolver y servir.

— Salón coriano —

Ingredientes para 6 personas:

2 1/2 lb de chivo cortado en trozos regulares
3 dientes de ajo finamente picados
3 cebollas medianas, finamente picadas
1 cucharadita de orégano en polvo
2 cucharadas de perejil fresco picado
3 cucharadas de mantequilla
2 cucharadas de aceite
5 tomates maduros pelados y picados
1 1/2 tazas de caldo de gallina
1 taza de vino tinto
2 ó 3 papas medianas cortadas en trozos
2 zanahorias picadas
1/2 lb de habichuelas (vainitas) cortadas en trozos
Pimienta
Sal

Lavar cuidadosamente el chivo, poner en un recipiente y mezclar con los ajos y las cebollas picados, el orégano en polvo, el perejil y sal y pimienta al gusto. Dejar macerar durante aproximadamente 1 hora.

Calentar la mantequilla y el aceite y freír la carne hasta que esté doradita. Añadir los tomates picados, revolver y agregar el caldo y el vino. Tapar y cocinar hasta que la carne esté tierna. A continuación, incorporar las papas, las zanahorias y las habichuelas y cocinar hasta que todo esté en su punto.

1. Macerar la carne con los ajos, las cebollas, orégano, perejil, sal y pimienta.

2. Dorar en una olla con la mantequilla y el aceite caliente, e incorporar los tomates.

3. Agregar el caldo y el vino y cocinar hasta que la carne esté tierna.

4. Incorporar las papas, las zanahorias y las habichuelas y cocinar.

— Asado criollo —

Ingredientes para 4 personas:

2 1/2 lb de cadera (pulpa negra) de res
150 g de jamón en tiritas
150 g de tocineta en tiritas
1 cucharada de alcaparras
1 cebolla picada
4 dientes de ajo machacados
1 pimentón (pimiento) rojo, picado
1/2 tacita de vinagre

4 cucharadas de aceite
2 tazas de agua
Sal y pimienta

Pinchar la carne e introducir en los huecos practicados unas tiritas de jamón y tocineta y las alcaparras.

Seguidamente, mezclar en un recipiente la cebolla finamente picada, los ajos machacados, el pimentón, el vinagre y sal y pimienta al gusto, y cubrir la carne con la mezcla. Dejar macerar durante 1 hora.

Calentar el aceite en una olla, y dorar la carne por todos los lados. Añadir el adobo sobrante y el agua y cocinar hasta que esté tierna. Servir con su salsa y decorada al gusto.

1. Pinchar la carne y poner en los huecos tiritas de jamón, tocineta y alcaparras.

2. Mezclar la cebolla, los ajos, el vinagre, sal y pimienta, cubrir con el preparado la carne y dejar reposar.

3. Calentar el aceite y dorar la carne por todos los lados.

4. Añadir el adobo sobrante y el agua, y cocinar hasta que esté tierna.

— Pastel de carne y queso —

Ingredientes para 6 personas:

1 1/2 lb de carne de res
2 bollos grandes de pan
2 tazas de leche
1 cucharada de mantequilla
1/2 lb de salchichas frescas
1 cebolla grande picada
1/2 lb de queso blanco rallado
3 huevos
Nuez moscada
Sal y pimienta

Quitar la corteza a los bollos, poner en un recipiente la miga, cubrir con la leche y reservar.

A continuación, calentar la mantequilla en una sartén al fuego y saltear la carne y las salchichas previamente desmenuzadas. Retirarlas con una espumadera y en la grasa de la sartén freír la cebolla.

Mezclar en un recipiente las carnes con la cebolla, el queso, la miga de pan remojada, nuez moscada y sal y pimienta. Añadir los huevos y revolver. Seguidamente, engrasar un molde con mantequilla y verter en él el preparado anterior. Introducir en el horno, precalentado a 180° C (350° F) durante aproximadamente 1 hora, hasta que esté cuajado.

Servir frío o caliente, acompañándolo, si lo desea, con bechamel o cualquier otra salsa.

1. Remojar la miga de pan con la leche.

2. Saltear la carne y las salchichas desmenuzadas. Freír la cebolla.

3. Mezclar todos los ingredientes en un recipiente.

4. Poner en un molde y hornear durante 1 hora.

— Conejo en vino tinto —

Ingredientes para 4 personas:

1 conejo grande
Harina de trigo
1 cucharada de mantequilla
4 cucharadas de aceite
3 vasos de vino tinto
1 lb de tomate triturado
1 cucharada de perejil fresco, picado
Sal y pimienta
Arroz blanco para acompañar

Lavar el conejo, secarlo y cortarlo en trozos, reservando el hígado. Salar, pasar los trozos por harina y freír en una olla con la mantequilla y el aceite calientes.

A continuación, agregar el vino, revolver, incorporar el tomate, tapar la olla y cocinar hasta que esté tierno.

Seguidamente, licuar el hígado con un poco del caldo de la cocción e incorporar a la olla. Rectificar la sazón y cocinar todo junto durante unos minutos.

Servir espolvoreado con el perejil picado y arroz blanco, si lo desea.

1. Trocear el conejo, salar y enharinar.

2. Freír y una vez dorado, agregar el vino.

3. Añadir el tomate, tapar la olla y cocinar hasta que el conejo esté tierno.

4. Licuar el hígado con un poco del caldo, incorporarlo a la olla y dar un hervor.

Paticas de cochino guisadas

Ingredientes para 6 personas:

4 lb de paticas de cerdo (cochino)
2 limones
1/3 de taza de aceite
3 dientes de ajo picados
1 cebolla picadita
1 lb de tomate picado
1 cucharadita de ají picadito
1 pimentón (pimiento) rojo, picado
1 ó 2 ajíes dulces, picados
1/4 cucharadita de pimienta negra
2 1/2 tazas de agua
Sal

Pasar las paticas por la llama para quitar los pelos. Frotar con limón y lavarlas bien. Poner las paticas en la olla a presión, cubrir con agua, salar y cocinar durante 30 minutos. Retirar, dejar enfriar, abrir la olla, escurrir y trocear.

A continuación, calentar el aceite en una sartén y rehogar los ajos y la cebolla. Agregar los tomates, los ajíes, el pimentón y la pimienta. Revolver y cocinar durante 10 minutos. Seguidamente incorporar a las paticas, añadir el agua y cocinar, tapadas, durante aproximadamente unos 30 minutos o hasta que la salsa espese. Servir con arroz blanco o al gusto.

1. Pasar las paticas por la llama, frotarlas con limón y lavarlas.

2. Poner en la olla a presión. Cubrir con agua y sal y cocinar.

3. Preparar un sofrito con los ajos, la cebolla, el tomate, los ajíes, el pimentón y la pimienta.

4. Incorporar a las paticas junto con el agua y cocinar durante 30 minutos.

— Lomo de cochino en leche —

Ingredientes para 6 personas:

2 lb de lomo de cerdo (cochino)
4 cucharadas de mantequilla
2 cucharadas de aceite
1 lb de cebollas cortadas en ruedas
1 cebolla con 2 clavos de olor, pinchadas
1 ramita de orégano
1/2 hoja de laurel
5 granos de pimienta
2 ramitas de perejil
4 tazas de leche
1/2 taza de azúcar
1/4 taza de agua

Para el adobo:

1 cebolla licuada
2 dientes de ajo prensados
1/2 hoja de laurel machacada con un poco de sal
1/4 cucharadita de orégano molido
1 cucharada de salsa inglesa
1 cucharada de vinagre

Lavar y secar el lomo. Ponerlo en un recipiente y cubrirlo con los ingredientes del adobo, previamente mezclados. Introducir en el refrigerador y dejar macerar durante aproximadamente unas 2 ó 3 horas.

Transcurrido el tiempo de maceración, retirar el lomo del adobo, y atarlo para que no pierda su forma.

Calentar la mantequilla y el aceite en una olla al fuego y dorar la cebolla cortada en ruedas y la entera. Retirarlas con una espumadera y dorar el lomo en la misma olla. Agregar el adobo sobrante, el orégano, el laurel, los granos de pimienta, el perejil y las cebollas reservadas. Rociar con la leche, tapar el recipiente y cocinar en el horno, precalentado a 205° C (400° F) durante 1 hora. Darle la vuelta, añadir más leche si fuera necesario y terminar la cocción hasta que el lomo esté tierno.

Seguidamente, retirar el lomo de la olla, pasar la salsa por la licuadora y poner en un recipiente.

Por último, preparar un caramelo con el azúcar y el agua, añadirlo a la salsa, calentar todo bien y servir el lomo cortado en ruedas delgadas, decorado al gusto y con la salsa en salsera aparte.

3. Freír las cebollas, retirarlas y reservar. Dorar el lomo por todos los lados.

4. Incorporar de nuevo las cebollas y las especias, añadir la leche y hornear.

1. Cubrir el lomo con el adobo preparado y macerar.

2. Retirar el lomo del adobo y atarlo para que no pierda la forma.

5. Preparar un caramelo con el azúcar y el agua, añadirlo a la salsa licuada y calentar.

Lomo en crema de garbanzos

Ingredientes para 6 personas:

2 lb de lomo de cerdo (cochino)
2 cucharadas de margarina
3 cucharadas de aceite
2 cebollas grandes, cortadas en aros finos
1 cucharada de perejil
5 clavos de especias
2 hojas de laurel
3 astillas de canela
5 tomates picados
1 vaso de vino blanco
1/2 lb de garbanzos, previamente cocinados
1 taza de leche
Sal

Poner en una olla la margarina y el aceite con la mitad de las cebollas y la mitad de las especias. Agregar la mitad de los tomates y colocar encima el lomo. Cubrirlo con las cebollas, especias y tomate restantes y rociar con el vino. Salar, tapar y cocinar a fuego bajo durante 45 minutos o hasta que el lomo esté tierno.

Mientras tanto, hacer un puré con los garbanzos, previamente cocinados, añadir la leche y mezclar bien.

Cuando el lomo esté tierno, cortarlo en rodajas y servirlo cubierto con su propia salsa y rodeado con el puré de garbanzos.

1. Poner la mitad de los ingredientes en una olla.

2. Colocar el lomo encima, y cubrir con los ingredientes restantes.

3. Rociar con el vino, tapar y cocinar durante 45 minutos.

4. Formar un puré con los garbanzos y añadir la leche.

— Cochino con uvas —

Ingredientes para 6 personas:

2 1/2 lb de magro de cerdo (cochino), en un trozo
1 lb de uvas
3 dientes de ajo
1 copa de coñac
Sal y pimienta

Lavar las uvas, y machacar la mitad en un colador, para extraer el jugo.

Quitar el exceso de grasa del trozo de carne, hacerle unos agujeros, con ayuda de un cuchillo bien afilado o con un utensilio especial, e introducir en ellos trocitos de ajo.

A continuación, atar la carne para que no pierda su forma y dorarla en su propia grasa en una olla al fuego. Si fuera necesario, añadir un poquito de aceite.

Seguidamente, sazonar la carne con sal y pimienta recién molida al gusto, añadir el jugo de uvas y el coñac, tapar la olla y cocinar hasta que esté tierno, aproximadamente unos 45 ó 50 minutos.

Por último, incorporar las uvas reservadas y cocinar unos minutos más. Servir cortado en rebanadas y cubierto con su propia salsa.

1. Machacar la mitad de las uvas, para extraerles el jugo.

2. Hacer cortes en el magro e introducir trocitos de ajo en ellos.

3. Atar la carne para que no pierda su forma, y dorarla.

4. Agregar el jugo de uvas y el coñac, tapar y terminar de cocinar.

— Torta de plátano —

Ingredientes para 6 personas:

5 plátanos maduros

4 huevos batidos

1 taza de azúcar

1 taza de pan molido (bizcocho rallado)

2 cucharaditas de polvo de hornear

1 cucharadita de sal

3 cucharadas de mantequilla derretida

2 tazas de queso blanco rallado

3 cucharadas de caramelo líquido

Pelar 4 plátanos, ponerlos en un recipiente y triturarlos con un tenedor.

A continuación, agregar los huevos, el azúcar, el pan molido y el polvo de hornear. Incorporar la sal, la mantequilla y el queso rallado y mezclar todo bien.

Seguidamente, engrasar un molde, enharinarlo y verter el preparado. Introducir el molde en el horno precalentado a 180° C (350° F) hasta que la torta esté cuajada.

Desmoldar y servir decorado con el plátano restante y rociado con el caramelo líquido.

1. Pelar y triturar los plátanos.

2. Agregar los huevos, el azúcar, el pan y el polvo de hornear.

3. Incorporar la sal, la mantequilla y el queso, y revolver.

4. Engrasar un molde, enharinarlo, verter la mezcla y hornear.

— Tacón señorial —

Ingredientes para 6 personas:

Pan del día anterior, la cantidad suficiente para hacer 12 rebanadas
5 huevos
1 1/2 tazas de leche
1 cucharada de azúcar
Aceite para freír

Para el almíbar:

1/2 papelón blanco
5 tazas de agua
1 astilla de canela
5 clavos de olor
1 copita de ron
La corteza de 1/2 naranja, rallada

Cortar el pan en rebanadas gruesas. Batir los huevos junto con la leche y el azúcar y remojar en esta mezcla las rebanadas de pan.

A continuación, calentar abundante aceite en una sartén y freír las rebanadas de pan hasta que estén bien doradas por ambos lados. Retirar y dejarlas escurrir sobre papel absorbente de cocina.

Seguidamente, poner todos los ingredientes indicados para elaborar el almíbar en un recipiente. Llevar al fuego y cocinar hasta que la mezcla espese ligeramente y tome un poco de color.

Por último, retirar los clavos de olor y la astilla de canela del almíbar y verterlo por encima de las rebanadas de pan bien escurridas del aceite.

Servir calientes o frías, al gusto.

2. Sumergirlas en los huevos batidos con el azúcar y la leche.

3. Freír en abundante aceite caliente y dejar escurrir.

1. Cortar las rebanadas de pan.

4. Preparar el almíbar y rociar sobre el pan.

— Quesadillas —

Ingredientes para 6 personas:

1 cucharadita de levadura granulada
1 taza de leche tibia
1 cucharada de azúcar
200 g de mantequilla
1/2 cucharadita de sal
1 taza de azúcar
700 g de harina de trigo
4 huevos
250 g de queso blanco rallado

Disolver la levadura en la leche junto con el azúcar, y dejar reposar durante 20 minutos.

Agregar la mantequilla, la sal, 1/2 taza de azúcar, la harina y 2 huevos. Amasar, tapar la masa obtenida y dejar reposar 30 minutos.

A continuación, formar las quesadillas, dándoles forma ovalada. Con la masa sobrante, hacer una tira y pegarla to-do alrededor de manera que forme un borde.

Seguidamente, mezclar el queso con el azúcar restante. Añadir las 2 yemas y las 2 claras batidas a punto de nieve y llenar las quesadillas con esta mezcla. Introducir en el horno, precalentado a 180° C (350° F) durante 30 ó 40 minutos hasta que estén doradas y el relleno cuajado.

1. Disolver la levadura y el azúcar en la leche y dejar reposar 20 minutos.

2. Mezclar con la harina, la sal, la mantequilla, la mitad del azúcar y 2 huevos.

3. Amasar bien, tapar y dejar reposar 30 minutos.

4. Formar las quesadillas, llenar con el relleno preparado y hornear.

─ Melón relleno ─

Ingredientes para 6 personas:

1 melón
El jugo de 2 naranjas
1/3 taza de azúcar
Nuez moscada
2 duraznos
1 manzana
3 rodajas de piña
1 taza de uvas negras

Cortar un trozo del melón en sentido horizontal, desechar las semillas y extraer la pulpa con cuidado, troceándola o bien, retirándola con una cucharilla especial.

Poner en un recipiente el jugo de naranja junto con el azúcar y un poco de nuez moscada y cocinar al fuego hasta obtener un almíbar flojo.

Mientras tanto, pelar todas las frutas, cortarlas en cubitos y ponerlas en una fuente de loza o de cristal, junto con la pulpa de melón y las uvas.

Seguidamente, rociar con el almíbar preparado y dejar en maceración, en el refrigerador, durante 2 horas.

Por último, rellenar la cáscara del melón y servir.

1. Cortar el melón por la mitad en sentido horizontal y extraer la pulpa con ayuda de una cucharilla.

2. Poner en un recipiente el jugo de naranja con el azúcar y nuez moscada, y hacer un almíbar.

3. Pelar y cortar en trocitos todas las frutas.

4. Rociarlas con el almíbar y dejar en maceración 2 horas.

— Turrón de maní con leche —

Ingredientes para 6 personas:

2 tazas de leche
1 lb de azúcar
1/2 lb de maní
1/2 cucharadita de vainilla

Poner la leche en una cacerola de fondo grueso al fuego y añadir el azúcar.

Mientras tanto, tostar el maní en una lata de horno hasta que esté doradito.

Cuando la leche haya hervido y tenga un punto de bola floja, retirar del fuego, añadir la vainilla y el maní, y mezclar bien.

Por último, verter sobre un mármol o tabla humedecida, extender la mezcla en una capa espesa, cortar en cubitos y dejar enfriar.

1. Poner la leche en un recipiente al fuego, añadir el azúcar y cocinar.

2. Tostar el maní en una placa de horno, hasta que esté doradito.

3. Cuando la leche con azúcar haya espesado, añadir el maní.

4. Verter sobre un mármol, cortar en cubitos y dejar enfriar.

— Flan de pan quemado —

Ingredientes para 8 personas:

1 bollo de pan de tunja o pan dulce
2 tazas de leche
6 huevos
1/2 lb de azúcar
2 cucharadas de mantequilla
1 vasito de vino dulce
1/2 taza de frutas escarchadas, picadas
1/2 taza de pasas
1/2 taza de guindas, picadas

3 cucharadas de azúcar y unas gotas de agua, para caramelizar el molde

1 copa de coñac

Cortar el pan en trocitos, rociarlo con leche y, una vez remojado, verter en la licuadora y licuarlo junto con los huevos, el azúcar y la mantequilla.

Verter en un recipiente, añadir el vino dulce y todas las frutas picadas y mezclar bien.

A continuación, hacer un caramelo con el azúcar y el agua, caramelizar un molde, moviéndolo para que se caramelicen bien los laterales y el fondo, y añadir la mezcla preparada.

Por último, cocinar al baño María, en el horno precalentado a 180° C (350° F), durante 1 hora o hasta que esté cuajado.

Dejar enfriar, desmoldar, rociar con coñac, prender la llama y servir.

1. Remojar el pan con la leche y licuar.

2. Añadir las frutas picadas y mezclar.

3. Caramelizar el molde.

4. Verter la mezcla y hornear al baño María.

— Torta de guayaba —

Ingredientes para 6-8 personas:

1 taza de harina de trigo
1 cucharadita de polvo de hornear
1/2 cucharadita de canela en polvo
Una pizca de sal
1/2 cucharadita de vainilla
1/2 taza de mantequilla
1/2 taza de azúcar
2 huevos
1/4 taza del almíbar de las guayabas
1 lata de cascos de guayaba
2 quesitos crema
2 cucharadas de leche

Mezclar en un recipiente la harina, el polvo de hornear, la canela, la sal y la vainilla, y tamizarlas.

A continuación, batir la mantequilla con el azúcar. Añadir los huevos, el almíbar y la harina preparada, y batir todo bien hasta que la mezcla resulte homogénea.

Seguidamente, engrasar bien las paredes y el fondo de un molde redondo, verter en él la mezcla e introducir en el horno, precalentado a 180° C (350° F) durante unos 35 ó 40 minutos, hasta que esté cuajada. Retirar del horno y dejar enfriar.

Una vez fría, desmoldar, cubrir la superficie con los cascos de guayaba y por último decorar con el queso crema previamente batido con la leche.

1. Tamizar la harina junto con el polvo de hornear, la sal, la canela y la vainilla.

2. Batir la mantequilla y el azúcar. Añadir los huevos, el almíbar y la harina preparada.

3. Engrasar un molde, llenar con la mezcla y hornear durante 35 ó 40 minutos.

4. Cubrir con los cascos de guayaba y decorar con el queso batido con la leche.

— Besitos de casabe —

Ingredientes para 6 personas:

2 tortas de casabe, finas
3 yemas
1 taza de papelón hecho melado
Una pizca de sal
1/3 de taza de anís tostado y pelado
1 cucharada de mantequilla, para los moldes

Poner las tortas de casabe entre dos láminas de plástico, y triturarlas hasta que queden con la consistencia de harina. Verter en un recipiente la harina obtenida, agregar las yemas y amasar ligeramente con los dedos.

A continuación, añadir el melado, la sal y el anís tostado y pelado y trabajar hasta que todo esté bien incorporado. Seguidamente, engrasar unos moldes individuales con mantequilla y repartir el preparado entre ellos. Introducir en el horno, precalentado a 180° C (350° F), hasta que estén cuajados. Dejar enfriar, desmoldar y poner, si lo desea, en moldecitos de papel.

1. Triturar las tortas de casabe hasta que parezcan harina.

2. Mezclar con las yemas de huevo, con ayuda de los dedos.

3. Agregar el melado, la sal y el anís y trabajar hasta que quede homogéneo.

4. Verter en unos moldecitos engrasados y hornear hasta que estén cuajados.

— Torta de coco —

Ingredientes para 6-8 personas:

100 g de mantequilla

1/2 taza de azúcar

5 huevos, separadas las claras de las yemas

250 g de harina de trigo

1 cucharadita de polvo de hornear

1/2 cucharadita de vainilla

1 coco, pelado y rallado

1/2 taza de leche

1/2 taza de leche de coco

1 cucharadita de mantequilla, para el molde

1 cucharada de azúcar pulverizada

Batir la mantequilla con el azúcar hasta obtener una crema suave, y agregar las yemas, de una en una, batiendo.

A continuación, agregar la harina, el polvo de hornear, la vainilla y el coco rallado, y mezclar bien.

Seguidamente, incorporar los 2 tipos de leche y batir hasta que la mezcla esté homogénea.

Batir las claras a punto de nieve e incorporarlas al preparado anterior.

Por último, engrasar un molde con la mantequilla, verter en él el preparado e introducir en el horno, precalentado a 180° C (350° F) unos 45 minutos o hasta que esté cuajado. Dejar enfriar, desmoldar y decorar con el azúcar pulverizada.

1. Batir la mantequilla con el azúcar y añadir las yemas, de 1 en 1.

2. Agregar la harina, el polvo de hornear, la vainilla y el coco rallado.

3. Incorporar los 2 tipos de leche y batir todo bien.

4. Batir las claras a punto de nieve.

5. Incorporarlas al preparado anterior y hornear.

Puré de aguacate

Ingredientes para 6 personas:

5 cucharadas de mantequilla
2 cebollas picadas
2 ramitas de perejil
1 ramita de tomillo
2 cucharadas de polvo curry
5 tazas de consomé de pollo o de carne
5 lb de aguacates
1/2 cucharadita de salsa picante
1 1/2 tazas de crema de leche
Pimienta
Sal
1/2 taza de crema batida, para decorar

Calentar la mantequilla en una olla.

Agregar la cebolla, el perejil, el tomillo y el curry y cocinar hasta que la cebolla esté transparente.

A continuación, agregar el consomé, cocinar durante 2 minutos, retirar el perejil y el tomillo, y reservar.

Seguidamente, pasar el consomé con la cebolla por la licuadora, añadir la pulpa de los aguacates, la salsa picante, la crema de leche y sal y pimienta al gusto. Batir todo bien hasta obtener una crema espesa e introducir en el refrigerador.

Se sirve muy frío decorando cada plato con una cucharada de crema batida.

Sopa de papas y queso

Ingredientes para 8 personas:

2 lb de papas
4 tazas de agua
2 cucharaditas de mantequilla
2 cucharadas de cebolla picada
3 tazas de consomé de carne
3 tazas de leche
6 cucharadas de queso parmesano rallado
1 cucharada de perejil fresco, picado
Pimienta
Sal

Pelar las papas, trocear y poner en una olla con el agua. Salar y cocinar hasta que estén tiernas. Escurrir, pasar por la licuadora hasta formar un puré y reservar aparte.

A continuación, calentar la mantequilla en una sartén y freír la cebolla hasta que esté transparente.

Mientras tanto, calentar el consomé en una olla. Cuando esté hirviendo, añadir la leche y la cebolla frita. Sazonar con sal y pimienta e ir incorporando el puré de papas, revolviendo con una cuchara de madera.

Por último, agregar el queso rallado y el perejil, retirar del fuego y servir.

Crema de arvejas secas

Ingredientes para 8 personas:

1 lb de arvejas secas
12 tazas de agua
5 cucharadas de aceite
4 tiras de tocineta
1 cebolla rallada
1 puerro (ajo porro) picado
2 dientes de ajo picados
1 cucharada de mantequilla
1/2 taza de crema de leche
Pimienta
Sal

Lavar bien las arvejas, ponerlas en una olla grande, cubrirlas con el agua y cocinar durante unos 40 ó 45 minutos, hasta que estén tiernas.

Mientras tanto, calentar el aceite en una sartén y freír las tiras de tocineta hasta que estén doradas. Retirar la tocineta de la sartén con ayuda de una espumadera y, en la grasa de la sartén, freír la cebolla, el puerro y los ajos, durante 5 minutos hasta que todo esté tierno.

Cuando las arvejas estén tiernas, añadir a la olla las verduras cocinadas, sazonar con sal y pimienta, bajar el fuego y cocinar todo junto 15 ó 20 minutos más.

Seguidamente, pasar todo por la licuadora hasta formar una crema, pasar por un colador de manera que no tenga grumos y verter de nuevo en la olla al fuego.

Por último, cuando esté bien caliente, añadir la mantequilla y la crema de leche, revolver con una cuchara de madera y retirar del fuego. Servir con trocitos de pan fritos.

Sopa
de cebolla

Ingredientes para 6 personas:

6 cucharadas de mantequilla
8 tazas de cebolla cortada en cuartos y luego cortada en ruedas
6 tazas de consomé de carne
Pimienta blanca
Sal

Calentar la mantequilla en una olla, agregar la cebolla y cocinar a fuego fuerte durante aproximadamente unos 25 ó 30 minutos, hasta que comience a dorarse.

A continuación, retirar del fuego y verter en otra olla donde tendremos el consomé hirviendo.

Por último, sazonar con sal y pimienta recién molida al gusto y cocinar a fuego fuerte durante 5 minutos. Servir bien caliente.

Caraotas
con tocineta

Ingredientes para 4 personas:

I lb de fríjoles (caraotas) blancos
3 cucharadas de aceite
I cebolla picada
I pimentón verde, picado
I/2 lb de tocineta cortada en cubitos
4 cucharadas de salsa de tomate
Sal

Poner los fríjoles en remojo el día anterior y al día siguiente, poner al fuego con el mismo agua del remojo, hasta que estén tiernos.

Mientras tanto, calentar el aceite en una sartén y freír la cebolla, junto con el pimentón y la tocineta.

Cuando los fríjoles estén tiernos, agregar a la olla la tocineta con la cebolla y el pimentón fritos. Incorporar la salsa de tomate, salar y cocinar todo junto unos minutos, para que los fríjoles tomen el sabor de la tocineta.

Bolitas de
langostinos

Ingredientes para 4 personas:

I cucharada de mantequilla
I cucharada de cebolla, finamente picada
2 I/2 cucharadas de harina de trigo
I taza de crema de leche
I lb de langostinos pelados y picados
I cucharadita de salsa inglesa
I/2 taza de pan molido
Aceite para freír
Pimienta
Sal

Calentar la mantequilla en una sartén grande al fuego y rehogar la cebolla hasta que esté transparente. Añadir la harina, freírla ligeramente e incorporar la crema de leche, poco a poco, sin dejar de revolver, hasta que la mezcla espese.

A continuación, agregar los langostinos, la salsa inglesa y sal y pimienta al gusto. Mezclar bien, verter en un recipiente y dejar enfriar.

Por último, formar pequeñas bolitas con el preparado frío, pasarlas por el pan molido y freír en abundante aceite caliente hasta que estén doradas.

Arroz con higadillos

Ingredientes para 6 personas:

1 lb de higadillos de pollo
2 tazas de leche
3 cucharadas de mantequilla
1 hoja de laurel
4 cucharadas de aceite
1 cebolla grande, picada
3 dientes de ajo machacados
1 pimentón rojo pequeño, picado
1 tomate pelado y picado
1 cucharadita de salsa inglesa
1 1/2 tazas de arroz
3 tazas de consomé de carne o de pollo
1 cucharada de perejil fresco, picado
1/2 lb de arvejas de lata (opcional)
Pimienta
Sal

Lavar los higadillos, secarlos, cortarlos en trozos y ponerlos en un recipiente junto con la leche, dejándolos reposar hasta el momento de prepararlos. Poner en una olla los higadillos escurridos, junto con la mantequilla, el laurel y sal y pimienta, y cocinar durante 12 ó 14 minutos, hasta que estén dorados. Retirar del fuego y reservar.

A continuación, calentar el aceite en una sartén, añadir la cebolla y los ajos y sofreír hasta que estén transparentes. Agregar el pimentón, el tomate y la salsa inglesa y cocinar 5 ó 6 minutos. Incorporar los higadillos, tapar y cocinar todo junto 5 minutos más.

Seguidamente, añadir el arroz previamente lavado y escurrido, revolver bien, incorporar el consomé, sazonar con sal y pimienta y cocinar hasta que el arroz haya absorbido parte del líquido. Añadir el perejil, tapar y cocinar a fuego muy bajo hasta que seque y el arroz esté tierno.

Antes de retirarlo del fuego, agregar las arvejas, revolver y servir.

Calabacines guisados

Ingredientes para 4 personas:

2 1/2 lb de calabacitas (calabacines)
5 cucharadas de aceite
1 cebolla grande, picada
3 dientes de ajo machacados
2 tomates picados
1 taza de consomé de carne
1 cucharada de queso parmesano rallado
Sal y pimienta

Pelar parcialmente las calabacitas, dejando parte de la cáscara, desechar las puntas, cortarlas longitudinalmente en cuartos, y retirar las semillas y cortar en trocitos de unos 2 cm de largo. Lavar y escurrir.

A continuación, calentar el aceite en una olla y cocinar la cebolla y los ajos hasta que estén transparentes. Añadir los tomates y sazonar con sal y pimienta.

Tapar y cocinar durante 7 minutos. Incorporar las calabacitas, revolver, tapar y cocinar 5 minutos. Agregar el consomé y continuar cocinando, tapado, 5 minutos más.

Por último, destapar, subir el fuego y cocinar a fuego fuerte durante unos 15 minutos, o hasta que se evapore parte del líquido. Añadir el queso, revolver y apartar del fuego.

Coliflor cubierta

Ingredientes para 6 personas:

2 lb de coliflor
3 huevos ligeramente batidos
1 taza de harina de trigo
1 taza de queso parmesano rallado
Aceite para freír
Sal

Cortar la coliflor en gajos y lavar bajo el chorro del agua fría. Cocinarla en una olla grande con agua hirviendo salada, durante 15 minutos. Debe quedar cocida pero no demasiado. Escurrir y reservar.

A continuación, poner la harina en un plato, en otro el queso y en otro los huevos batidos.

Seguidamente, calentar el aceite en una sartén. Pasar los gajos de coliflor primero por harina, a continuación por el huevo y por último por el queso, y freír en el aceite caliente hasta que esté bien dorada.

Dejar escurrir sobre papel absorbente para quitar el exceso de grasa, y servir.

Zanahorias
con crema

Ingredientes para 6 personas:

1 1/2 lb de zanahorias
2 cucharadas de mantequilla
2 cucharadas de cebolla picada
2 cucharadas de harina de trigo
2 tazas de leche
2 cucharadas de queso parmesano rallado
Pimienta
Sal

Pelar y cortar las zanahorias en rodajas gruesas. Poner en una olla, cubrir con agua, añadir sal y cocinar durante aproximadamente unos15 minutos, o hasta que estén tiernas. Escurrir y reservar.

A continuación, calentar 1 cucharada de mantequilla en una sartén, agregar la cebolla y freír hasta que esté transparente. Añadir la harina, revolver e incorporar la leche, revolviendo continuamente. Sazonar con sal y pimienta y cocinar durante 3 ó 4 minutos, hasta que espese.

Por último, incorporar la mantequilla restante y el queso, revolver y verter la salsa sobre las zanahorias.

Arroz
con curry

Ingredientes para 8 personas:

4 cucharadas de aceite
1 cebolla picada
2 dientes de ajo machacados
2 cucharadas de curry
1 tomate maduro, sin piel ni semillas, picado
1 pimentón rojo, picado
1 ají dulce, picado
2 tazas de arroz
3 tazas de consomé de carne
2 cucharadas de pasas
2 cucharadas de almendras tostadas y picadas
Pimienta negra
Sal

Calentar el aceite en una olla y cocinar la cebolla y los ajos, hasta que estén transparentes. Añadir el curry, revolver e incorporar el tomate, el pimentón, el ají y sal y pimienta. Cocinar a fuego medio durante 7 minutos. Mientras tanto, lavar muy bien el arroz bajo el chorro del agua fría y dejar escurrir.

A continuación, añadir a la olla el arroz, revolver, agregar el consomé y cocinar todo junto, con la olla destapada, durante 7 u 8 minutos.

Seguidamente, incorporar las pasas y las almendras, revolver, rectificar la sazón, tapar la olla y cocinar a fuego bajo durante 15 ó 20 minutos, hasta que el arroz esté en su punto.

Ensalada
de repollo

Ingredientes para 8 personas:

1 1/2 lb de repollo, cortado en tiritas finas
1/3 taza de aceite
1/2 cucharadita de mostaza preparada
1 cucharada de azúcar
1/2 cucharadita de pimienta blanca molida
3 cucharadas de vinagre
3 cucharadas de agua
1 cucharadita de sal
1 cebolla mediana, cortada en ruedas delgadas

Poner en una olla al fuego abundante agua con sal, y cuando comience la ebullición, añadir las tiritas de repollo. Dejar sobre el fuego durante unos 4 ó 5 minutos, sin hervir. Retirar del fuego y escurrir sobre un colador de alambre.

A continuación, mezclar en un recipiente todos los ingredientes restantes, excepto la cebolla, revolviendo vigorosamente con una cuchara de madera.

Seguidamente, mezclar el repollo todavía caliente con la salsa preparada y la cebolla. Revolver bien e introducir en el refrigerador por lo menos durante 1 hora.

Por último, antes de servir, puede agregar, si lo desea, manzana cortada en cubitos, pasas, granada, etc.

Bacalao con papas

Ingredientes para 6 personas:

2 lb de bacalao salado, seco
2 lb de papas pequeñas, peladas
3 cucharadas de mantequilla
2 cucharadas de perejil fresco, finamente picado
1 cucharadita de jugo de limón
1 cebolla grande, picada
3 dientes de ajo, machacados
2 cucharadas de aceite
2 cucharadas de pan molido
Sal

Poner el bacalao en remojo el día anterior, cambiando el agua varias veces. Cuando se va a preparar, poner el bacalao en una olla al fuego, añadir 2 litros de agua y cuando rompa a hervir, cocinar 3 minutos.

Retirar el bacalao, quitar la piel y espinas y reservar.

Agregar al agua de la cocción, las papas, salar y cocinar hasta que estén tiernas pero firmes. Escurrirlas y conservar aparte 1/2 taza del líquido de la cocción.

Mezclar en un recipiente grande, el bacalao con el perejil, el jugo de limón, la cebolla, los ajos, 1 cucharada de mantequilla y el aceite, revolviendo todo bien.

A continuación, engrasar con mantequilla un molde de vidrio para hornear y poner las papas cubriendo todos los bordes y el bacalao preparado en el centro. Rociar con la 1/2 taza del líquido reservado, espolvorear con el pan molido y poner por encima la mantequilla restante, en trocitos.

Seguidamente, tapar el molde con papel de aluminio, introducir en el horno, precalentado a 205° C (400° F) y hornear durante 30 minutos.

Camarones enchilados

Ingredientes para 8 personas:

4 lb de camarones
1/2 taza de aceite
1 cebolla grande, picada
4 dientes de ajo machacados
1 pimentón rojo, picado
1 ají dulce, picado
2 tomates pelados, sin semillas y picados
4 cucharadas de salsa ketchup
1 cucharadita de salsa inglesa
1 cucharadita de salsa picante
1 cucharada de perejil fresco, picado
Sal y pimienta

Pelar los camarones, cortarlos longitudinalmente y eliminar la tripita negra o intestino que tienen a lo largo. Lavar y dejar escurrir.

Calentar el aceite en una sartén al fuego, y cocinar la cebolla y el ajo, hasta que estén transparentes. Agregar el pimentón, el ají y los tomates, revolver y cocinar 7 minutos.

A continuación, incorporar la salsa ketchup, los camarones, la salsa inglesa, la salsa picante y sal y pimienta, al gusto. Revolver todo bien y cocinar 10 minutos. Bajar el fuego al mínimo, y cocinar 10 minutos más.

Por último, agregar el perejil, revolver, retirar del fuego y servir.

Camiguanas fritas

Ingredientes para 6 personas:

3 lb de boquerones (camiguanas)
3 limones
Aceite para freír
Harina de trigo
Sal y pimienta

Limpiar bien los boquerones, quitándoles las tripas y las agallas, pero dejando las cabezas. Rociarlos con el jugo de los limones, lavarlos bajo el grifo del agua fría, secarlos con papel absorbente y sazonarlos con sal y pimienta.

A continuación, calentar abundante aceite en una sartén, y poner harina en un plato. Pasar los boquerones por harina y freír en el aceite caliente, hasta que estén bien dorados. Poner sobre papel absorbente para eliminar el exceso de grasa y servir.

Pescado
con salsa de piña

Ingredientes para 6 personas:

1 pargo de 5 ó 6 lb
El jugo de 1 limón
1/2 taza de aceite
1 piña grande
4 cucharadas de mantequilla
3 cucharadas de harina de trigo
3 yemas de huevo
Sal y pimienta

Lavar bien el pescado y ponerlo en una fuente para hornear. Sazonarlo con sal y pimienta. Mezclar el jugo de limón con el aceite, rociar con la mezcla el pescado e introducir en el horno, precalentado a 205° C (400° F) durante 25 ó 30 minutos hasta que esté cocinado pero firme.

Mientras tanto, pelar la piña, rallar finamente la pulpa y extraer el jugo exprimiendo la pulpa en un colador o a través de una tela.

A continuación, calentar en una sartén la mantequilla, añadir la harina, revolviendo con una cuchara de madera y sofreír hasta que haga espuma. Agregar el jugo de piña, sazonar con sal y pimienta y cocinar revolviendo hasta que la salsa espese, pero no demasiado.

Seguidamente, batir las yemas de huevo en un recipiente grande, e ir añadiéndoles la salsa preparada, sin dejar de revolver. Una vez todo bien mezclado, pasar de nuevo a la sartén, a través de un colador y calentar sin llegar a hervir.

Servir el pescado horneado con la salsa caliente en salsera aparte.

Mero
con almendras

Ingredientes para 6 personas:

100 g de almendras peladas, cortadas en filetes y tostadas
2 lb de filetes de pescado (pargo o mero), cortados gruesos
3 cucharadas de jugo de limón
1 taza de pan molido
6 cucharadas de mantequilla
2 cucharadas de aceite
Sal y pimienta

Lavar el pescado, secarlo y colocarlo en una fuente de hornear. Rociar con el jugo de limón, sazonar con sal y pimienta y dejar reposar durante 2 horas en el refrigerador. Retirar del mismo unos 30 minutos antes de freírlo.

A continuación, calentar en una sartén 4 cucharadas de mantequilla y el aceite. Poner el pan molido en un plato.

Seguidamente, pasar los filetes de pescado por el pan molido y freírlos, con la grasa no demasiado caliente, hasta que estén bien dorados por ambos lados. Pasar los filetes a una bandeja de servir y mantenerlos calientes.

Por último, colar la grasa de la sartén. Limpiar la sartén con papel absorbente. Volver a poner en ella la grasa colada, agregar la mantequilla restante y las almendras, y freír durante 2 ó 3 minutos.

Verter el sofrito sobre el pescado y servir inmediatamente.

Guacucos a la
marinera

Ingredientes para 6 personas:

2 1/2 lb de chipi-chipi o almejas (guacucos)
1 cebolla mediana, finamente picada
5 tomates maduros, pelados y picados
4 cucharadas de aceite
1 cucharadita de color (achiote, onoto)
1/2 taza de vino blanco seco
1 cucharada de perejil fresco, finamente picado
Pimienta
Sal

Lavar cuidadosamente los chipi-chipi bajo el chorro del agua fría para que suelten la arena y dejarlos en un recipiente con agua.

Calentar el aceite en una olla y freír la cebolla hasta que esté dorada. Añadir los tomates y el color y cocinar durante 5 minutos.

A continuación, incorporar los chipi-chipi, el vino blanco y el perejil.

Sazonar con sal y pimienta y cocinar a fuego vivo hasta que los chipi-chipi se abran. Reducir el fuego y cocinar unos minutos más.

Croquetas de salmón

Ingredientes para 6 personas:

1/2 lb de papas
2 cucharadas de mantequilla
1 cebolla pequeña, picada
1 tomate rallado, sin piel ni semillas
2 latas de salmón de 200 g cada una
4 huevos
1 cucharada de perejil fresco, picado
Aceite para freír
1 taza de pan molido
Pimienta
Sal

Pelar las papas, lavarlas bien, secarlas con un paño de cocina y cortarlas en trozos; ponerlas en una olla, cubrirlas con agua y sal y cocinar hasta que estén tiernas. Escurrir bien las papas y hacerlas puré. Reservar.

Mientras tanto, calentar la mantequilla en una sartén y freír la cebolla hasta que esté transparente. Agregar el tomate, sazonar con sal y pimienta al gusto y cocinar durante unos 8 minutos.

A continuación, poner en un recipiente el puré de papas anteriormente preparado, el salmón desmenuzado, el sofrito, 2 huevos ligeramente batidos y el perejil. Revolver todo bien hasta que resulte una mezcla homogénea y formar las croquetas.

Seguidamente, calentar abundante aceite en una sartén. Batir los huevos restantes, con un poco de sal y en otro plato, poner el pan molido.

Por último, sumergir las croquetas en los huevos batidos, pasarlas por el pan molido y freír hasta que se doren uniformemente.

Servir con ensalada o al gusto.

Carite en escabeche

Ingredientes para 4 personas:

4 rebanadas de atún o pez sierra (carite) de aproximadamente unos 200 g cada una
1 taza de aceite
4 dientes de ajo pelados
1 hoja de laurel
Unas ramitas de perejil fresco
1 cucharada de tomillo seco
Un ramillete de albahaca
2 clavos de olor
6 granos de pimienta
1 taza de vinagre
Pimienta
Sal

Lavar bien las rebanadas de pescado y secarlas. Sazonar con sal y pimienta al gusto y freírlas en una sartén al fuego con el aceite caliente. Cuando el pescado esté dorado, retirarlo de la sartén con ayuda de una espumadera, escurrirlo y colocarlo en una fuente honda.

A continuación, agregar todos los ingredientes restantes al aceite. Salar y cocinar a fuego bajo durante 10 minutos.

Por último, verter la salsa obtenida sobre el pescado y dejar que se enfríe.

Este pescado está mucho más sabroso si se sirve al día siguiente.

Pescado en salsa verde

Ingredientes para 6 personas:

2 1/2 lb de filetes de pescado (pargo o mero)
1 taza de aceite
1 taza de perejil fresco, picado
1/2 taza de vino blanco
1 cebolla picada
1 diente de ajo
2 cucharadas de vinagre
Sal

Poner todos los ingredientes, excepto el pescado, en la licuadora. Salar y licuar todo bien.

A continuación, poner los filetes de pescado en una sartén grande. Cubrirlos con la salsa obtenida, poner al fuego y cuando comience a hervir, bajar el fuego y cocinar lentamente, tapado, durante 15 minutos.

Servir con arroz blanco al gusto.

Huevos en cuevas

Ingredientes para 6 personas:

6 papas grandes, redondas
1 latita de foie-gras
6 huevos
50 g de mantequilla
Pimienta
Sal

Para la salsa:

1 taza de caldo de carne
50 g de mantequilla
El jugo de 1/2 limón
1 cucharada de perejil fresco, finamente picado
1 cucharada de harina de trigo
Pimienta
Sal

Poner en una olla al fuego abundante agua con sal, añadir las papas y cocinar hasta que estén tiernas, pero teniendo mucho cuidado de que no se rompan.

A continuación, pelarlas y con ayuda de una cucharilla vaciar parte del centro, para que quede un hueco de tamaño suficiente para contener un huevo.

Seguidamente, poner en el fondo de cada papa, un poquito de foie-gras y encima de éste, cascar un huevo. Sazonar con sal y pimienta y poner encima un pegotito de mantequilla. Introducir en el horno, con el broiler encendido hasta que la clara esté cuajada.

Mientras tanto, calentar en un recipiente el caldo de carne junto con la mantequilla, el jugo de limón y el perejil picado. Sazonar con sal y pimienta al gusto y cocinar al baño María, agregando la harina, en forma de lluvia, y sin dejar de revolver, hasta que espese.

Por último, cubrir las papas con esta salsa y servir.

Huevos en salsa de anchoas

Ingredientes para 6 personas:

6 huevos duros (salcochados)
3 cucharadas de mantequilla
1 cebolla picada
2 rebanadas de pan, cortadas en cubitos
1 latita de anchoas picadas
1 taza de crema de leche
2 cucharadas de queso parmesano rallado
Sal y pimienta

Calentar 2 cucharadas de mantequilla en una sartén y freír la cebolla junto con el pan y las anchoas. Retirar del fuego y dejar reposar. Agregar la crema de leche, revolver y sazonar con sal y pimienta.

A continuación, verter parte de la salsa en una fuente refractaria, poner una capa de huevo, en ruedas y espolvorear con parte del queso parmesano. Repetir la operación terminando con salsa. Espolvorear con el queso restante, salpicar con trocitos de mantequilla e introducir en el horno con el broiler encendido, hasta que la superficie esté gratinada.

Tortilla perfecta

Ingredientes para 6 personas:

6 huevos
1/2 lb de queso rallado
3/4 taza de pan molido
3 cucharadas de perejil fresco, finamente picado
2 cucharadas de aceite
Pimienta
Sal

Para la salsa:

50 g de mantequilla
1/2 cebolla picada
2 cucharadas de perejil fresco, finamente picado
1 latita de hongos, picados
Pimienta
Sal

Separar las yemas de los huevos de las claras y batir éstas últimas a punto de nieve.

A continuación, mezclar en un recipiente grande las claras con las yemas, intercalando el queso rallado y el pan molido.

Agregar el perejil picado y sazonar con sal y pimienta recién molida al gusto. Al final, añadir 1 cucharada de agua fría.

Seguidamente, calentar el aceite en una sartén bastante grande, ya que la tortilla crece mucho, y cuajar la tortilla por ambos lados.

Cuando la tortilla esté cuajada en su punto, retirarla de la sartén cuidadosamente, poner en una fuente de servir, y reservar.

Por último, derretir la mantequilla en otra sartén, añadir la cebolla y el perejil picados y freír. Agregar los hongos, sazonar con sal y pimienta, revolver con una cuchara de madera y cocinar durante unos minutos. Cubrir la tortilla con esta salsa y servir.

Revoltillo
de pimentones verdes

Ingredientes para 6 personas:

1 lb de pimentones verdes
5 cucharadas de aceite
2 tomates pelados, sin semillas y picados
6 huevos
Pimienta
Sal

Limpiar los pimentones, desechando las semillas y venas, y cortarlos en tiritas de medio centímetro de ancho.

Calentar el aceite en una sartén al fuego. Agregar los pimentones preparados y cocinar, revolviendo, durante 10 minutos, hasta que comiencen a ablandarse.

Seguidamente, añadir los tomates, sazonar con sal y pimienta y continuar cocinando durante 10 ó 15 minutos más.

A continuación, batir ligeramente los huevos, salar y agregar a la sartén. Cocinar, sin dejar de revolver, hasta que estén cuajados.

Soufflé de queso

Ingredientes para 6 personas:

3 cucharadas de mantequilla
2 cucharadas de harina de trigo
Una pizca de nuez moscada
1 taza de leche
3 huevos separadas las yemas de las claras
300 g de queso Edam o Gouda, rallado muy fino
Sal y pimienta

Calentar la mantequilla en una olla al fuego. Añadir la harina, revolver bien y cocinar 2 ó 3 minutos. Incorporar la leche, sin dejar de revolver y sazonar con nuez moscada, sal y pimienta. La cantidad de sal dependerá del tipo de queso. Cocinar, sin dejar de revolver hasta que la mezcla tenga la consistencia de una crema no demasiado espesa. Añadir las yemas, y cocinar durante 1 minuto a fuego muy bajo. Retirar del fuego.

A continuación, agregar el queso y mezclar todo bien.

Seguidamente, batir las claras a punto de nieve e incorporarlas a la mezcla, con movimientos envolventes.

Por último, engrasar un molde alto para soufflé, verter en él la mezcla e introducir en el horno, precalentado a 205° C (400° F) durante 30 minutos o hasta que al introducir una aguja o brocheta, ésta salga limpia.

Tortilla de papas
con cebolla

Ingredientes para 6 personas:

1 lb de papas peladas
2 cucharadas de mantequilla
2 cebollas picadas gruesas
6 huevos
2 cucharadas de perejil fresco, finamente picado
1 cucharada de aceite
Pimienta
Sal

Cocinar las papas en agua con sal hasta que estén tiernas. Escurrirlas, dejarlas enfriar y cortarlas en cubitos pequeños.

A continuación, calentar la mantequilla en una sartén y freír la cebolla durante unos minutos, hasta que esté transparente.

Seguidamente, batir los huevos, sazonar con sal y pimienta y agregarles las papas y la cebolla frita. Revolver todo bien.

Por último, calentar el aceite en una sartén, verter la mezcla y cuajar la tortilla por ambos lados.

Sancocho de pollo

Ingredientes para 6 personas:

1 pollo cortado en presas
1 limón
4 cucharadas de aceite
1 cebolla grande, rallada
2 dientes de ajo machacados
1 lb de tomates rallados
1 pimentón rojo, finamente picado
2 cucharadas de ají dulce, picado
1/2 cucharada de encurtidos en mostaza, picados
2 cucharadas de salsa de tomate
6 aceitunas picadas
1 cucharadita de alcaparras picadas
1 cucharada de pasas
4 cucharadas de vino dulce Moscatel
1 cucharadita de salsa inglesa
1 cucharada de azúcar
Pimienta
Sal

Limpiar muy bien el pollo, frotar con el limón, enjuagar en agua corriente y secar.

Calentar el aceite en una olla al fuego y freír la cebolla y el ajo hasta que estén transparentes. Agregar los tomates, el pimentón y el ají y cocinar durante unos 5 minutos.

A continuación, incorporar el pollo, los encurtidos, la salsa de tomate y sazonar con sal y pimienta. Tapar y cocinar 5 minutos a fuego fuerte. Bajar el fuego y cocinar 35 minutos más. Seguidamente, retirar las presas de pollo, dejarlas enfriar ligeramente, quitar la piel y los huesos y desmenuzar la carne de pollo.

Por último, verter de nuevo en la olla, incorporar los ingredientes restantes y cocinar unos 10 minutos más, hasta que la salsa se reduzca ligeramente.

Pollo con dulce de duraznos

Ingredientes para 4-6 personas:

1 pollo de 4 lb aproximadamente
El jugo de 1 cebolla licuada, colado
2 dientes de ajo machacados
1 ramita de tomillo fresco o 1/2 cucharadita si es seco
1 cucharadita de vinagre
1 cucharadita de salsa inglesa
4 cucharadas de aceite
2 cucharadas de mantequilla
1/2 taza de vino blanco seco
60 g de almendras peladas, picadas y fritas
8 duraznos en almíbar
Pimienta
Sal

Limpiar bien el pollo, cortarlo en presas, lavarlo y secar.

Preparar un adobo con el jugo de cebolla, el ajo, el tomillo, el vinagre, la salsa inglesa, y sal y pimienta. Frotar bien las presas de pollo con el adobo y dejar reposar durante 1 hora.

A continuación, calentar en una olla el aceite y la mantequilla, limpiar el pollo de adobo y freír hasta que esté dorado. Retirar las presas y reservar.

Seguidamente, añadir a la olla el adobo, sofreír ligeramente y agregar el vino y las almendras. Incorporar de nuevo el pollo, tapar y cocinar a fuego medio 15 minutos. Añadir los duraznos cortados en trocitos y cocinar 40 ó 45 minutos más, hasta que el pollo esté tierno. Servir decorado con duraznos enteros.

Codornices fritas

Ingredientes para 6 personas:

12 codornices de granja
2 cabezas de ajo
Aceite abundante para freír
Sal

Calentar el aceite en una sartén al fuego y freír los ajos sin pelar, con un corte practicado sobre el lomo. Retirarlos antes de que se quemen.

A continuación, salar las codornices, bien limpias y secas y freírlas en el aceite impregnado de los ajos. Retirarlas cuando estén doraditas y tiernas y servir de inmediato con ensalada o al gusto.

Mollejas de pollo guisadas

Ingredientes para 4 personas:

1 1/2 lb de mollejas de pollo
1 limón partido por la mitad
3 cebollas medianas
2 dientes de ajo machacados
1 cucharada de salsa inglesa
1 cucharada de vinagre
3 cucharadas de mantequilla
3 cucharadas de aceite
2 tomates picados
1 pimentón verde, picado
1 cucharada de cebollín picado
1 cucharada de perejil fresco, finamente picado
1/2 taza de vino blanco seco
Sal y pimienta

Limpiar bien las mollejas, quitándoles la grasa y la piel amarilla. Frotarlas con el limón y enjuagarlas bajo el agua corriente.

Licuar los ajos y 2 cebollas, pasar el líquido obtenido por un colador de alambre y reservar el jugo.

Preparar un adobo mezclando el jugo de cebolla y ajo, la salsa inglesa, el vinagre y sal y pimienta. Rociar las mollejas con él y dejar adobar 1 hora.

A continuación, calentar en una olla al fuego la mantequilla y el aceite.

Agregar la cebolla restante picada y cocinar hasta que empiece a dorarse. Retirarla con una espumadera.

Seguidamente, añadir las mollejas a la grasa que ha quedado en la olla y cocinarlas hasta que estén doradas. Retirarlas y reservar.

Incorporar a la olla el tomate, el pimentón, el cebollín y el perejil y cocinar 5 minutos. Añadir de nuevo las mollejas, el adobo, la cebolla sofrita y el vino. Sazonar con sal y pimienta, revolver y cocinar a fuego muy lento durante 2 horas aproximadamente, hasta que las mollejas estén tiernas.

Pollo en canasta

Ingredientes para 4 personas:

1 pollo de 4 lb cortado en presas
2 tazas de leche
3 dientes de ajo machacados
4 cucharadas de harina de trigo
4 cucharadas de pan molido
1 cucharadita de pimentón rojo seco, molido
Pimienta
Sal

Lavar bien las presas de pollo bajo el chorro del agua fría, y secar cuidadosamente con un paño de cocina.

A continuación, poner las presas de pollo bien limpias en un recipiente, rociarlas con las dos tazas de leche y dejar en reposo durante aproximadamente unos 30 ó 40 minutos.

Transcurrido el tiempo de reposo, retirar el pollo de la leche y escurrir.

Seguidamente, poner todos los ingredientes restantes en una bolsa de plástico y agregar una a una las presas de pollo y, sacudiendo bien la bolsa, cubrir con la mezcla.

Por último, forrar una bandeja de horno con papel de aluminio. Colocar en ella las presas de pollo e introducir en el horno, precalentado a 205° C (400° F) durante 1 hora, dando la vuelta a las presas de vez en cuando, para que se doren uniformemente.

Guiso de gallina

Ingredientes para 8 personas:

1 puerro (ajo porro)
1 cebolla grande
1/2 pimentón rojo
1 gallina cortada en presas
2 lb de apio (celery)
1 repollo pequeño
2 lb de papas
3 zanahorias
1/2 lb de ñame
1 lb de yuca
Un ramillete de hierbas (tomillo, orégano, laurel)
Sal

Poner en una olla grande el puerro, la cebolla y el pimentón. Añadir la gallina y 3 litros de agua y cocinar hasta que la gallina ablande.

Mientras tanto, limpiar cuidadosamente todas las verduras y cortarlas en trozos no muy grandes.

Seguidamente, añadirlas a la olla, salar y cocinar todo junto hasta que las verduras y la gallina estén tiernas.

Se puede servir todo junto o la gallina con las verduras y el caldo aparte.

Ganso guisado con papas

Ingredientes para **6 personas:**

2 1/2 lb de lomito o bola negra (ganso) de res
2 lb de papas peladas
5 cucharadas de aceite
2 cebollas picadas
3 dientes de ajo machacados
2 tomates sin piel ni semillas, picados
1 pimentón verde, picado
2 cucharadas de salsa de tomate
2 tazas de consomé de carne
Pimienta negra recién molida
Sal

Cortar la carne en cuadrados de aproximadamente 2 ó 3 cm por lado. Pelar las papas, lavarlas, secarlas y cortarlas como la carne, en cuadrados de unos 2 ó 3 centímetros.

A continuación, calentar el aceite en una olla, agregar la carne, dorarla y retirarla, reservándola.

En la misma olla sofreír las cebollas finamente picadas y los ajos hasta que estén transparentes.

Seguidamente, añadir los tomates, el pimentón, la salsa de tomate y sal y pimienta al gusto. Revolver y cocinar a fuego medio durante 5 minutos. Incorporar la carne y el consomé, tapar y cocinar hasta que la carne empiece a ablandar.

Por último, agregar las papas, tapar y continuar la cocción hasta que la carne y las papas estén tiernas.

Bistec llanero

Ingredientes para **6 personas:**

6 filetes delgados de lomito de res
1 taza de agua
4 cucharadas de aceite
4 cucharadas de vinagre
Una pizca de comino
1 cebolla grande, en aros
4 ó 5 ramitas de perejil
Pimienta negra recién molida
Sal

Golpear con un mazo los filetes para que queden muy finos.

A continuación, poner todos los ingredientes restantes en una sartén a fuego fuerte y cuando hiervan agregar los filetes.

Tapar y cocinar durante unos 3 ó 4 minutos. Darles la vuelta y cocinar otros 3 minutos.

Lomitos campesinos

Ingredientes para **8 personas:**

2 1/2 lb de carne de res (lomito, bola de cadera) cortada en 8 filetes
1 cebolla rallada
2 dientes de ajo machacados
1/2 cucharadita de salsa inglesa
1 cucharada de aceite
8 huevos
Aceite para freír
Pimienta negra recién molida
Sal

Mezclar en un recipiente la cebolla, los ajos, la salsa inglesa, la cucharada de aceite y sal y pimienta al gusto, y frotar los filetes con este preparado. Dejar reposar durante unos 30 minutos.

Calentar aceite en una sartén al fuego, escurrir los filetes del adobo y dorarlos por los dos lados, durante unos 3 ó 4 minutos en total. En el último momento, incorporar el adobo y freír con los filetes.

Seguidamente, freír los huevos en otra sartén.

Por último, poner los filetes en una fuente de servir, colocar encima de cada uno 1 huevo frito, y servir enseguida.

Molde de carne

Ingredientes para 6 personas:

2 lb de carne molida de res
100 g de jamón crudo molido
2 cebollas picadas
1 cucharada de mostaza preparada
5 cucharadas de pan molido
1 huevo batido
Una pizca de polvo de hornear disuelto en 1/2 taza de leche
Pimienta
Sal

Poner todos los ingredientes en un recipiente grande, sazonar con sal y pimienta y mezclar con las puntas de los dedos, hasta que resulte una masa homogénea.

A continuación, engrasar un molde rectangular con un poco de mantequilla y llenarlo con el preparado anterior, apretando bien.

Seguidamente, introducir en el horno, precalentado a 190° C (375° F), poner encima una lámina de papel de aluminio, y hornear durante aproximadamente 1 1/2 horas o hasta que al pinchar con una aguja, ésta salga limpia. A media cocción, retirar el papel de aluminio.

Por último, retirar el molde del horno, dejar enfriar, desmoldar sobre una fuente y servir acompañado, si lo desea, con ensalada.

Riñones de res con crema

Ingredientes para 4 personas:

1 lb de riñones de res
2 tazas de agua con el jugo de 1 limón
2 tazas de agua con 1 cucharada de vinagre
4 cucharadas de mantequilla
2 cebollas picadas
2 dientes de ajo machacados
1 cucharada de harina de trigo
1 taza de consomé de carne
4 cucharadas de vino blanco seco
6 cucharadas de crema de leche
Sal y pimienta

Limpiar bien los riñones, quitándoles la piel, grasa y venillas, y lavarlos. Ponerlos en un recipiente, rociarlos con el agua con limón y dejar en reposo 2 horas. Escurrir, lavarlos y ponerlos de nuevo en el recipiente con el agua con vinagre, durante 15 minutos. Enjuagar, escurrir, secarlos con papel absorbente y cortarlos en tajaditas delgadas.

A continuación, calentar la mantequilla en una olla y freír la cebolla y los ajos hasta que estén transparentes. Retirar con una espumadera para evitar el exceso de grasa y reservar.

Seguidamente, poner en la olla los riñones y sofreír a fuego fuerte hasta dorar bien, sin dejar de revolver.

Por último, incorporar la harina, sofreír y añadir la cebolla con ajo reservada, el consomé, el vino y sal y pimienta. Cocinar durante 20 minutos, y cuando los riñones estén tiernos, agregar la crema, revolviendo, y servir con arroz blanco.

Conejo en coco

Ingredientes para 6 personas:

1 conejo de 3 ó 4 lb
1 cebolla grande
4 tomates maduros
La leche de 2 cocos
Pimienta
Sal

Lavar bien el conejo, secarlo y partirlo en presas pequeñas. Sazonar con sal y pimienta y dejarlo reposar durante 1 hora.

Mientras tanto, licuar la cebolla y los tomates y mezclarlos con la leche de los cocos.

A continuación, verter en una olla y cocinar la mezcla, sin dejar de revolver para que no se corte, durante unos minutos.

Seguidamente, incorporar las presas de conejo, tapar y cocinar a fuego bajo hasta que el conejo esté tierno. Rectificar la sazón y servir.

Pudín de
hígado de res

Ingredientes para 4 personas:

1 lb de hígado de res
3 cucharadas de leche
1 cucharada de mantequilla
100 g de pan molido
3 huevos
1 cucharada de perejil fresco, picado
1 cucharadita de jugo de limón
8 cucharadas de agua
Sal

Limpiar bien el hígado y cocinarlo en agua con sal durante 30 minutos.

A continuación, escurrirlo y licuarlo. Verter en un recipiente, añadir todos los ingredientes restantes y mezclar todo bien.

Seguidamente, engrasar un molde con un poquito de mantequilla, llenarlo con la mezcla e introducir en el horno, previamente calentado a 190° C (375° F) durante 15 ó 20 minutos.

Servir frío o caliente con salsa de tomate o mayonesa.

Chuletas de
cochino con
cambures

Ingredientes para 6 personas:

3 cucharadas de mantequilla
6 chuletas de cerdo (cochino) de 1 1/2 cm de grueso
6 plátanos maduros (bananos, cambures)
3 copitas de ron añejo
Pimienta de Cayena
Sal y pimienta

Calentar la mantequilla en una sartén y freír las chuletas durante 5 minutos por cada lado. Sazonar con sal y pimienta y una pizca de Cayena, retirarlas de la sartén, colocarlas en una fuente y reservarlas calientes.

A continuación, dorar los plátanos pelados en la grasa que ha quedado en la sartén, procurando que queden bien dorados por todos los lados, y colocarlos junto con las chuletas en la fuente.

Seguidamente, añadir el ron a la sartén y calentarlo removiendo con una cuchara de madera. Cuando el ron esté bien caliente, prenderle fuego y verter la salsa sobre las chuletas. Servir de inmediato.

Chicharronada

Ingredientes para 4 personas:

1 1/2 lb de chicharrón de papada
4 plátanos verdes
4 cucharadas de aceite
2 cebollas grandes, picadas
1 pimentón rojo, picado
3 lb de tomates maduros, pelados y rallados
Ají picante (opcional)
Sal

Pelar los plátanos, ponerlos en una lata e introducirlos en el horno precalentado a 180° C (350° F) durante aproximadamente unos 40 minutos, dándoles la vuelta de vez en cuando para que no se quemen. Retirarlos, machacarlos y reservar.

Mientras tanto, calentar el aceite en una olla y sofreír ligeramente la cebolla y el pimentón.

Cuando la cebolla esté transparente, agregar el chicharrón, previamente cortado en trocitos y freír durante 5 minutos, revolviendo, hasta que suelte un poco de grasa.

A continuación, añadir los tomates y el ají si lo utiliza, salar, revolver todo bien, tapar y cocinar a fuego bajo, hasta que los chicharrones estén en su punto.

Por último, añadir los plátanos machacados. Revolver, tapar de nuevo y dejar a fuego muy bajo hasta el momento de servir.

Bizcochuelo

Ingredientes para 8 personas:

5 huevos
10 cucharadas de azúcar
1/2 cucharadita de esencia de vainilla
15 cucharadas de harina de trigo
Sal
1 cucharadita de mantequilla para engrasar el molde

Poner en un recipiente los huevos, el azúcar y la vainilla, y batir con batidora eléctrica durante 15 minutos hasta que la mezcla esté bien espesa.

A continuación, agregar la harina cernida junto con la sal, poco a poco, mezclándola con movimientos envolvente, hasta que la mezcla esté homogénea.

Seguidamente, engrasar con la mantequilla un molde rectangular de 8 cm de alto. Espolvorearlo con harina, sacudiéndolo para que no sea excesiva y llenarlo con el preparado anterior.

Por último, introducir en el horno, precalentado a 180° C (350° F) durante 30 minutos o hasta que al pincharlo con una aguja, ésta salga seca.

Retirarlo del horno, reposar durante 10 minutos, desmoldar y dejar enfriar sobre una parrilla.

Manjar de naranja

Ingredientes para 8 personas:

5 1/2 tazas de jugo de naranja
1 2/3 tazas de azúcar
1/2 taza de fécula de maíz

Poner en una olla 4 1/2 tazas de jugo naranja con el azúcar y cocinar 2 ó 3 minutos, hasta que el azúcar se disuelva completamente.

Mientras tanto, disolver la fécula de maíz en el jugo de naranja restante.

A continuación, incorporar a la olla, revolviendo muy bien con un batidor de alambre para que no se formen grumos y cocinar durante aproximadamente 10 minutos hasta que espese, sin dejar de revolver.

Por último, verter en un molde humedecido, colando el manjar a través de un colador. Dejar enfriar e introducir en el refrigerador durante 3 ó 4 horas hasta que endurezca.

Galletas de coco

Ingredientes para 24 galletas:

1 lb de pulpa fresca de coco, finamente rallada
1 1/4 tazas de harina de trigo
1 1/2 tazas de azúcar
1 cucharadita de canela molida
1 cucharada de mantequilla

Poner todos los ingredientes, excepto la mantequilla, en un recipiente y mezclar, primero con un tenedor y después con los dedos, hasta formar una mezcla homogénea.

Engrasar una lata grande de horno con la mantequilla.

A continuación, hacer bolitas, de unos 3 cm de diámetro, con el preparado anterior, ponerlas en la lata y aplastarlas con un tenedor hasta que queden delgadas.

Seguidamente, introducir la lata en el horno, precalentado a 150° C (300° F) en la parte alta, y hornear durante 30 minutos. Encender el broiler y hornear 5 minutos más.

Por último, retirar la lata del horno, despegar las galletas con una espátula y dejar enfriar sobre una parrilla.

Mousse de guanábana

Ingredientes para 12 personas:

2 lb de guanábana, sin piel ni semillas
6 láminas de gelatina sin color ni sabor
1 taza de agua
1 2/3 tazas de azúcar
5 huevos separadas las yemas de las claras
1 taza de crema líquida, para batir

Licuar la pulpa de guanábana y pasar el puré obtenido a través de un colador fino, apretando los sólidos con una espátula contra las paredes del colador.

Poner la gelatina en remojo en un recipiente con el agua.

A continuación, poner en una olla el jugo de guanábanas junto con el azúcar y las yemas batidas. Poner la olla al baño María, ya caliente, y cocinar durante 11 minutos, sin dejar de revolver con una cuchara de madera.

Seguidamente, escurrir la gelatina y añadirla a la olla, cocinando durante 1 ó 2 minutos, hasta que se disuelva. Retirar del baño María e introducir la olla en un recipiente con agua helada, durante 5 minutos.

Por último, batir la crema y las claras por separado, a punto de nieve. Incorporarlas al preparado cocinado, revolviendo con un batidor de alambre, verter en un molde de vidrio e introducir en el refrigerador hasta que endurezca.

Toronjas con fruta confitada y queso

Ingredientes para 6 personas:

1/2 lb de fruta confitada
4 cucharadas de ron
1 lb de queso blanco fresco
4 cucharadas de crema de leche
4 toronjas
12 cucharadas de azúcar pulverizada

Picar la fruta confitada en daditos y rociarla con el ron.

A continuación, batir el queso con la crema y reservar.

Pelar las toronjas, separar los gajos y limpiarlos de fibras y semillas. Colocarlos en una fuente y espolvorearlos con la mitad del azúcar.

Mezclar la fruta confitada y el ron con el queso y crema batidos, y una vez bien mezclados verter sobre los gajos preparados. Espolvorear con el azúcar restante e introducir en el refrigerador hasta el momento de servir.

Flan de chirimoya

Ingredientes para 6 personas:

3 chirimoyas medianas
5 huevos
1 lata de leche condensada
1 lata de leche evaporada
2 cucharadas de azúcar

Pelar las chirimoyas y licuarlas.

A continuación, poner en un recipiente, agregar los huevos batidos y las dos clases de leche. Batir todo bien, y agregar el azúcar.

Seguidamente, verter en un molde acaramelado e introducir en el horno, precalentado a 180° C (350° F), durante 1 hora. Una vez cuajado, desprenderlo de los bordes con un cuchillo y desmoldarlo inmediatamente.

— Glosario —

Abacaxi: Ananá, piña.
Abadejo: Bacalao, mojito, reyezuelo.
Abridero: Durazno, gabacho, melocotón, pavia.
Aceitunas: Olivas.
Achín: Ñame.
Achiote: Axiote, bijol, color, onoto, pimentón.
Achuras: Despojos, menudos.
Aguacate: Avocado, chuchi, palta.
Aguayón: Cadera, tapa.
Ahogado: Guiso, hogado, hogao, hogo, refrito, riojo, sofrito.
Ají dulce: Peperrone, pimentón, pimiento.
Ají picante: Conguito, chilcote, chile, guindilla, ñora, pimiento picante.
Ajonjolí: Sésamo.
Albaricoque: Chabacano, damasco.
Alcachofa: Alcaucil.
Alcaucil: Alcachofa.
Almeja: Concha, ostión, ostra.
Almidón de maíz: Chuño, fécula de maíz, maicena.
Almidón de mandioca: Harina de yuca.
Alubia: Caraota, faba, fréjol, fríjol, guandú, judía seca, poroto.
Alverjas: Arvejas, chícharos, guisantes.
Amarillo: Banano, cambur, plátano.
Ananá: Abacaxi, piña.
Ancua: Cancha, maíz frito, pororó, rositas de maíz.
Anchoas: Anchovas, boquerones.
Anchovas: Anchoas, boquerones.
Anday: Auyama, calabaza, sambo, zapallo.
Antojitos: Bocadillos.
Aperitivo: Botana, ingredientes, pasabocas, tapas.
Apio: Celeri.
Arasa: Guayaba.
Arvejas: Alverjas, chícharos, guisantes.
Atole: Harina de maíz disuelta en agua o leche.
Atún: Cazón, pescado grande de mar, tiburón, tuna.
Auyama: Anday, calabaza, sambo, zapallo.
Avocado: Aguacate, chuchi, palta.
Axiote: Achiote, bijol, color, onoto, pimentón.
Azúcar impalpable: Glass, pulverizada.
Bacalao: Abadejo, mojito, reyezuelo.
Bacón: Panceta, tocineta, tocino.
Banano: Amarillo, cambur, plátano.
Batata: Boniato, camote, ñame, papa dulce.
Becerra: Mamón, temera.
Berza: Col, repollo, taioba.
Betabel: Beterraba, beterraga, remolacha.
Beterraba: Betabel, beterraga, remolacha.
Beterraga: Betabel, beterraba, remolacha.
Bijol: Achiote, axiote, azafrán, color, onoto, pimentón.
Bocadillos: Antojitos.
Bogavante: Cabrajo, langosta.
Bolillo: Pan blanco.
Bollito: Bollo, cañón, capón, corte de res, muchacho.
Bollo: Bollito, cañón, capón, corte de res, muchacho.
Boniato: Batata, camote, ñame, papa dulce.
Boquerones: Anchoas, anchovas.
Borrego: Cordero, oveja.
Botana: Aperitivo, ingredientes, pasabocas, tapas.
Brécol: Brócoli, coliflor.
Breva: Higo.
Brin: Azafrán, croco.
Brócoli: Brécol, coliflor.
Burucuyá: Pasiflora, pasionaria.
Butifarra: Chorizo, salchicha.
Cabrajo: Bogavante, langosta.
Cabrito: Chivo.
Cacahuacintle: Variedad de maíz, de mazorca grande y grano redondo y tiemo.

Cacahuate: Cacahuet, cacahuete, maní.
Cacahuet: Cacahuate, cacahuete, maní.
Cacahuete: Cacahuate, cacahuet, maní.
Cacao: Chocolate, cocoa.
Cachipai: Chontaduro.
Cadera: Aguayón, tapa.
Cajeta: Dulce de leche de cabra y azúcar.
Cake: Pastel, torta.
Calabacines: Calabacitas, chauchitas, zucchini.
Calabacitas: Calabacines, chauchitas, zucchini.
Calabaza: Anday, auyama, sambo, zapallo.
Calamar: Chipirón, sepia.
Callampa: Champignon, hongo, seta.
Callos: Librillo, menudo, mondongo, panza, tripas.
Camarón: Crustáceo marino de pequeño tamaño. Gamba, quisquilla.
Cambur: Amarillo, banano, plátano.
Camote: Batata, boniato, ñame, papa dulce.
Cancha: Ancua, maíz frito, pororó, rositas de maíz.
Cangrejo: Crustáceo comestible, jaiba.
Caña: Alcohol de caña de azúcar, bebida argentina.
Cañón: Bollito, capón, corte de res, muchacho.
Capear: Rebozar.
Capón: Bollito, cañón, corte de res, muchacho.
Caraota: Alubia, faba, fréjol, fríjol, guandú, judía, poroto.
Cari: Curry.
Carne seca: Cecina, tasajo.
Carota: Azanoria, zanahoria.
Casabe o cazabe: Harina resultante de rallar la yuca o la mandioca.
Cayote: Especie de sandía.
Cazón: Atún, pescado grande de mar, tiburón, tuna.
Cebiche: Pescado marinado en limón y otros ingredientes.
Cebolla cabezona: Cebolla de huevo.
Cebolla de huevo: Cebolla cabezona.
Cebolla de verdeo: Cebollín, cebollina.
Cebolla en rama: Cebolla junca, cebolla larga.
Cebolla junca: Cebolla larga, cebolla en rama.
Cebolla larga: Cebolla junca, cebolla en rama.
Cebollín: Cebolla de verdeo, cebollina.
Cebollina: Cebolla de verdeo, cebollín.
Cecina: Carne seca, tasajo.
Celeri: Apio.
Cerdo: Cochino, chanco, chancho, puerco.
Cilantro: Condimento, coriandro, culantro.
Cocer: Hervir, cocinar.
Cocoa: Cacao, chocolate.
Cochino: Cerdo, chanco, chancho, puerco.
Cohombrillo: Cohombro, pepino.
Cohombro: Cohombrillo, pepino.
Col: Berza, repollo, taioba.
Col roja: Lombarda.
Colí: Variedad de plátano pequeño.
Coliflor: Brécol, brócoli.
Color: Achiote, axiote, azafrán, bijol, onoto, pimentón.
Comal: Gran plato de cerámica o metal para cocinar tortillas, semillas y granos.
Concha: Almeja, ostión, ostra.
Condimento: Cilantro, coriandro, culantro.
Conguito: Ají picante, chilcote, chile, guindilla, ñora, pimiento picante.
Cordero: Borrego, oveja.
Coriandro: Cilantro, condimento, culantro.
Cortezas: Cueros de cerdo, chicharrón.
Corvina: Merluza.
Costeleta: Costilla, chuleta.
Costilla: Costeleta, chuleta.
Coyocho: Nabo, papanabo.

Criadillas: Testículos de toro u otro animal.
Croco: Azafrán, brin.
Cuajada: Requesón.
Cuete: Parte del muslo de la res, algo dura.
Culantro: Cilantro, condimento, coriandro.
Curry: Cari.
Chabacano: Albaricoque, damasco.
Chala: Hoja que envuelve la mazorca de maíz, panca.
Chambarete: Morcillo.
Champignon: Callampa, hongo, seta.
Chancaca: Panela, piloncillo, raspadura.
Chanco: Cerdo, cochinillo, chancho, puerco.
Chancho: Cerdo, cochinillo, chanco, puerco.
Chaucha: Ejote, habichuela, judía verde, vainita.
Chicozapote: Fruta costeña, grande y carnosa, de pulpa amarilla y muy dulce. Zapote.
Chícharos: Alverjas, arvejas, guisantes.
Chicharrón: Cortezas, cueros de cerdo.
Chifles: Rodajas delgadas de plátano verde, fritas hasta quedar crujientes.
Chilaquiles: Tortillas.
Chilcosle: Chile oaxaqueño, también conocido como chile amarillo.
Chilcote: Ají picante, conguito, chile, guindilla, ñora, pimiento picante.
Chile: Ají picante, conguito, chilcote, guindilla, ñora, pimiento picante.
Chile amarillo: Chilcosle, chile oaxaqueño.
Chile de Oaxaca: Chilhuacle.
Chile dulce: Ají dulce, pimiento o chile morrón, no picante, pimentón.
Chile oaxaqueño: Chilcosle, chile amarillo.
Chilhuacle: Chile de Oaxaca.
Chilote: Choclo, elote, jojoto, mazorca tiema de maíz.
Chipirón: Calamar, sepia.
Chivo: Cabrito.
Choclo: Chilote, elote, jojoto, mazorca tiema de maíz.
Chocolate: Cacao, cocoa.
Chontaduro: Cachipai.
Chorizo: Butifarra, salchicha.
Choro: Mejillón, moule.
Chuchi: Aguacate, avocado, palta.
Chuleta: Costeleta, costilla.
Chumbera: Higo chumbo, nopal.
Chuño: Almidón de maíz, fécula de maíz, maicena.
Damasco: Albaricoque, chabacano.
Despojos: Achuras, menudos.
Durazno: Abridero, gabacho, melocotón, pavia.
Ejote: Chaucha, habichuela, judía verde, vainita.
Elote: Chilote, choclo, jojoto, mazorca tiema de maíz.
Empanada: Guiso o manjar cubierto con masa.
Enchiladas: Tortillas.
Faba: Alubia, caraota, fréjol, fríjol, guandú, judía, poroto.
Falda: Sobrebarriga, zapata.
Fariña: Harina de mandioca.
Fécula de maíz: Almidón de maíz, chuño, maicena.
Fideo: Pasta, tallarín.
Frango: Pollo.
Frangollo: Maíz molido.
Fréjol: Alubia, caraota, faba, fríjol, guandú, habichuela, judía seca, poroto.
Fresa: Fresón, frutilla, madroncillo, morango.
Fresón: Fresa, frutilla, madroncillo, morango.
Fríjol: Alubia, caraota, faba, fréjol, guandú, habichuela, judía seca, poroto.
Frutilla: Fresa, fresón, madroncillo, morango.
Fruto del nogal: Nuez criolla, tocte.
Gabacho: Abridero, durazno, melocotón, pavia.

Gambas: Camarones, quisquillas.

Gandules: Lentejas.

Ganso: Oca.

Garbanzo: Mulato.

Guacamole: Puré de aguacate.

Guacamote: Mandioca, raíz comestible, yuca.

Guachinango: Huachinango, pargo, sargo.

Guajalote: Pavo.

Guanábana: Fruta parecida a la chirimoya, pero más grande.

Guandú: Alubia, caraota, faba, fréjol, fríjol, judía, poroto.

Guascas: Hierbas de cocina de Cundinamarca.

Guayaba: Arasa.

Guindilla: Ají picante, conguito, chilcote, chile, ñora, pimiento picante.

Guineo: Plátano pequeño.

Guisantes: Alverjas, arvejas, chícharos.

Guiso: Ahogado, hogado, hogao, hogo, refrito, riojo, sofrito.

Haba: Faba.

Habichuelas: Chaucha, ejote, judía verde, vainita.

Harina de mandioca: Fariña.

Harina de yuca: Almidón de mandioca.

Hervir: Cocer, cocinar.

Hierbabuena: Menta.

Higo: Breva.

Higo chumbo: Chumbera, nopal.

Hogado: Ahogado, guiso, hogao, hogo, refrito, riojo, sofrito.

Hogao: Ahogado, guiso, hogado, hogo, refrito, riojo, sofrito.

Hogo: Ahogado, guiso, hogado, hogao, refrito, riojo, sofrito.

Hojas de achira: Hojas anchas para envolver tamales.

Hojas de maíz: Chalas, pancas.

Hongo: Callampa, champignon, seta.

Huacal: Caparacho de un ave.

Huachinango: Guachinango, pargo, sargo.

Huitlacoche: Hongo negro que nace en la mazorca de maíz.

Humitas: Tamales de choclo (maíz tierno).

Ingredientes: Aperitivo, botana, pasabocas, tapas.

Jaiba: Cangrejo, crustáceo comestible.

Jitomate: Tomate.

Jojoto: Chilote, choclo, elote, mazorca tierna de maíz.

Jora: Maíz germinado para fermentar.

Judías: Alubia, caraota, faba, fréjol, fríjol, guandú, poroto.

Judías verdes: Chaucha, ejote, habichuela, vainita.

Langosta: Bogavante, cabrajo.

Lechón: Cochinillo, lechonceta.

Lechonceta: Cochinillo, lechón.

Lechosa: Mamón, papaya.

Lentejas: Gandules.

Librillo: Callos, menudos, mondongo, panza, tripas.

Lima: Cítrico, perfumado y dulce.

Lisa: Mújol.

Lombarda: Col roja.

Lomito: Lomo fino, solomo, solomillo.

Lomo fino: Lomito, solomo, solomillo.

Lomo: Solomillo.

Lulo: Fruto ácido, de pulpa cristalina y verdosa. Naranjilla.

Madroncillo: Fresa, fresón, frutilla, morango.

Maicena: Almidón de maíz, chuño, fécula de maíz.

Maíz frito: Ancua, cancha, pororó, rositas de maíz.

Maíz germinado para fermentar: Jora.

Maíz molido: Frangollo.

Maíz tierno: Chilote, choclo, elote, jojoto, mazorca.

Mamón: Becerra, ternera.

Mandarina: Tanjarina.

Mandioca: Guacamote, yuca.

Maní: Cacahuate, cacahuet, cacahuete.

Manos: Patas de res o cerdo, patitas.

Manteca de la leche: Mantequilla.

Mantequilla: Manteca de la leche.

Mazorca tierna de maíz: Chilote, choclo, elote, jojoto.

Mejillón: Choro, moule.

Melado: Melao, miel de panela.

Melao: Melado, Miel de panela.

Melocotón: Abridero, durazno, gabacho, pavia.

Menta: Hierbabuena.

Menudo: Callos, librillo, mondongo, panza, tripas.

Merluza: Corvina.

Mezcal: Poderoso aguardiente destilado de una variedad de maguey.

Miel de panela: Melado, melao.

Mixiote: Hojas del maguey, usada para envolver alimentos y cocinarlos al vapor.

Mojito: Abadejo, bacalao, reyezuelo.

Molcajete: Mortero de piedra.

Mondongo: Callos, librillo, menudo, panza, tripas.

Morango: Fresa, fresón, frutilla, madroncillo.

Morcilla: Moronga.

Morcillo: Chambarete.

Moronga: Morcilla.

Mortero de piedra: Molcajete.

Moule: Choro, mejillón.

Muchacho: Bollito, bollo, cañón, capón, corte de res.

Mújol: Lisa.

Mulato: Garbanzo.

Nabo: Coyocho, papanabo.

Naranjilla: Fruto ácido, de pulpa cristalina y verdosa. Lulo.

Nopal: Chumbera, higo chumbo.

Nuez criolla: Fruto del nogal, tocte.

Ñame: Batata, boniato, camote, papa dulce.

Ñora: Ají picante, conguito, chilcote, chile, guindilla, pimiento picante.

Oca: Ganso.

Olivas: Aceitunas.

Onces: Comida que se hace tarde por la mañana.

Onoto: Achiote, axiote, color, pimentón.

Ostión: Almeja, concha, ostra.

Oveja: Borrego, cordero.

Paila: Cazuela de bronce.

Palta: Aguacate, avocado, chuchi.

Pan blanco: Bolillo.

Pan de yuca: Casabe, maíz.

Pancas: Chalas, hojas de maíz.

Panceta: Bacón, tocineta, tocino.

Panela: Chancaca, piloncillo, raspadura.

Panza: Callos, librillo, menudo, mondongo, tripas.

Papa dulce: Batata, boniato, camote, ñame.

Papa: Patata.

Papachina: Raíz comestible (nativa del Ecuador).

Papanabo: Coyocho, nabo, raíz, tubérculo parecido al rábano blanco.

Papaya: Fruto del papayo, mamón, similar al melón.

Pargo: Guachinango, huachinango, sargo.

Pasabocas: Aperitivo, botana, ingredientes, tapas.

Pasas: Uvas secas.

Pasiflora: Burucuyá, pasionaria.

Pasionaria: Burucuyá, pasiflora.

Pasta: Fideo, tallarín.

Pastel: Cake, torta.

Patas de res o cerdo: Manos, patitas.

Patata: Papa.

Patitas: Manos, patas de res o cerdo.

Pavia: Abridero, durazno, gabacho, melocotón.

Pavo: Guajalote.

Peperrone: Ají dulce, pimentón, pimiento.

Pepino: Cohombrillo, cohombro.

Piloncillo: Chancaca, panela, raspadura.

Pimentón: Achiote, axiote, bijol, color, onoto.

Pimiento: Ají dulce, peperrone, pimentón.

Piña: Abacaxi, ananá.

Pipián: Salsa hecha a partir de semillas de calabaza.

Pisco: Aguardiente de uva.

Plátano: Amarillo, banano, cambur, colí, guineo.

Pollo: Frango.

Pomelo: Toronja.

Poro: Puerro.

Pororó: Ancua, cancha, maíz frito, rositas de maíz.

Poroto: Alubia, faba, fréjol, fríjol, judía seca.

Puerco: Cerdo, cochinillo, chanco, chancho.

Puerro: Poro.

Pulque: Bebida popular ligeramente alcohólica, obtenida de la fermentación del aguamiel, o sea el jugo del maguey.

Quimbombó: Ocra, quingombó.

Quisquillas: Camarones, gambas.

Raspadura: Chancaca, panela, piloncillo.

Rebozar: Capear.

Refrito: Ahogado, guiso, hogado, hogao, hogo, riojo, sofrito.

Remolacha: Betabel, beterraba, beterraga.

Repollo: Berza, col, taioba.

Requesón: Cuajada.

Reyezuelo: Abadejo, bacalao, mojito.

Riojo: Ahogado, guiso, hogado, hogao, hogo, refrito, sofrito.

Rompope: Nutritiva bebida preparada con yemas, azúcar y leche, con algún vino generoso.

Sábalo: Pez típico de las aguas de Campeche.

Salchicha: Butifarra, chorizo.

Sambo: Anday, auyama, calabaza, zapallo.

Sargo: Guachinango, huachinango, pargo.

Sémola: Trigo quebrado muy fino. En América se hace también de maíz.

Sepia: Calamar, chipirón.

Sésamo: Ajonjolí.

Sobrebarriga: Falda, zapata.

Sofrito: Ahogado, guiso, hogado, hogao, hogo, riojo, refrito.

Soja: Soya.

Solomillo: Lomito, lomo fino, solomo.

Solomo: Lomito, lomo fino, solomito.

Soya: Soja.

Taco: Tortillas.

Taioba: Berza, col, repollo.

Tallarín: Fideo, pasta.

Tamales de choclo (maíz tierno): Humitas.

Tanjarina: Mandarina.

Tapa: Aguayón, cadera.

Tapas: Aperitivo, botana, ingredientes, pasabocas.

Tasajo: Carne seca, cecina.

Telas: Arepas de maíz muy delgadas y blandas.

Ternera: Becerra, mamón.

Tiburón: Atún, cazón, pescado grande de mar, tuna.

Tocineta: Bacón, panceta, tocino.

Tocte: Fruto del nogal, nuez criolla.

Tomate: Jitomate.

Toronja: Pomelo.

Torta: Cake, pastel.

Tripas: Callos, librillo, menudo, mondongo, panza.

Tuna: Atún, cazón, pescado grande de mar, tiburón.

Tusa: Corazón no comestible de la mazorca usada para encender fuego o como abrasivo doméstico.

Uvas secas: Pasas.

Vainitas: Chaucha, ejote, habichuela, judía verde.

Yautía: Tubérculo consumido sobre todo en la zona de las Antillas.

Yuca: Guacamote, mandioca.

Zanahoria: Azanoria, carota.

Zapallo: Anday, auyama, calabaza, sambo.

Zapata: Falda, sobrebarriga.

Zapote: Fruta costeña, grande y carnosa, de pulpa amarilla y muy dulce. Chicozapote.

Zucchini: Calabacines, calabacitas, chauchitas.

— Indice de recetas —